學記

余庆学记

余松风 编

浙江古籍出版社

图书在版编目（CIP）数据

田余庆学记 / 余松风编 . -- 杭州：浙江古籍出版社，2024.3
（学记）
ISBN 978-7-5540-2619-9

Ⅰ.①田… Ⅱ.①余… Ⅲ.①田余庆—人物研究—文集 Ⅳ.① K825.81-53

中国国家版本馆 CIP 数据核字（2023）第 087113 号

学　记

田余庆学记

余松风　编

出版发行	浙江古籍出版社
	（杭州体育场路 347 号　电话：0571-85068292）
网　　址	https://zjgj.zjcbcm.com
责任编辑	刘　蔚
封面设计	吴思璐
责任校对	张顺洁
责任印务	楼浩凯
照　　排	浙江大千时代文化传媒有限公司
印　　刷	浙江海虹彩色印务有限公司
开　　本	880mm×1230mm　1/32
印　　张	7.5　插　页　8
字　　数	181 千字
版　　次	2024 年 3 月第 1 版
印　　次	2024 年 3 月第 1 次印刷
书　　号	ISBN 978-7-5540-2619-9
定　　价	45.00 元

如发现印装质量问题，影响阅读，请与本社市场营销部联系调换。

1947年北京大学证件照

1950年结婚照

1977年在北大

1952年与长女合影

1984年与儿子和女婿在北大

2010年与夫人在燕园

1993年与夫人在日本

2014年与重外孙

二十世纪八十年代在圆明园

1989年桂林魏晋南北朝史会议与王素、黄烈、王延武（左起）合影

1991年在北大授课

2004年10月周一良先生逝世三周年之际与祝总斌先生等祭扫周一良先生墓地

2000年前后在家中

2012年八十八岁生日时与学生在家中

2008年在大同考察北魏古城址

与王小甫、李孝聪、荣新江（左起）合影

2010年在燕园

2010年在燕园　淡定人生　潇洒来去

田余庆先生手迹

出版前言

二十世纪中国风云激荡，社会文化在剧变中前行，学术也面临转型与重构，涌现出大量学有所成、卓然自立、风格各异的学术大家。中国学术之所以生生不息，正由于有这么一大批优秀学人的贡献，才得以承前启后，继往开来。随着他们陆续从学术舞台"谢幕"，其身影也渐渐隐入学术史之中。

学脉需要传承，学人需要纪念，学术需要总结，为了对已故杰出学人的生平与学术进行系统而深入的梳理，在多方鼎力支持下，本社推出此套"学记"丛书。丛书收录关于近代以来学术大家的生平和学术的精心之作，以文史哲为主，兼顾社会科学。所收文章多为三亲史料，研究论著优中选优，力求通过不多的文字，重估传主一生学术历程、学术成果和学术地位。因每卷皆以关于传主的学术生平和学术研究为主，故名曰"学记"丛书。

"高山仰止，景行行止。"本社秉承"明德载道、会古通今"的出版理念，通过全面梳理总结前辈学人的学术生命史，集腋成裘，聚沙成塔，以人物为视角，揭示学人的学术历程，进而汇聚成丛书，展示二十世纪中国人文学术的整体风貌。述往事，思来者，真切希望通过丛书的出版，能有助于传承近代以来学术大家的治学精神和学术遗产，为推进新时期人文学术略尽绵薄之力。

祈盼学界同仁赐予宝贵意见，欢迎不吝赐稿，共同壮大"学记"丛书。

浙江古籍出版社

2022年3月

目 录

在庆寿会上的发言…………………………………… 田余庆　1
我的学术简历………………………………………… 田余庆　7
耄耋之年话教书——访历史学家田余庆教授………………14
田余庆先生访谈……………………………………………23
有怨无悔田余庆……………………………………… 郝　斌　32
田余庆先生的治学之路……………………………… 林被甸　45
润物细无声——纪念田余庆老师…………………… 滕昭宗　53
由小见大，见微知著——田余庆先生治史成就给我的启迪
……………………………………………………… 阎步克　62
精致而美：学术的高远境地——怀念恩师田余庆先生
……………………………………………………… 李开元　77
先生的尊严…………………………………………… 邓小南　83
风操存大道　事业在名山…………………………… 王　素　87
"守住科学良心"：追念田余庆先生………………… 王子今　95
《东晋门阀政治》出版始末………………………… 李　凭　103
回忆父亲田余庆先生………………………………… 田　立　106
以学术研究为宗教…………………………………… 胡宝国　114
田先生的研究具有典范意义………………………… 陈苏镇　118
田余庆先生印象……………………………………… 辛德勇　123

1

一位严格又和蔼的老师——田余庆先生……………	荣新江	125
望之俨然，即之也温——怀念田余庆先生…………	徐　俊	130
追求独立超然的学术境界……………………………	陈　勇	134
属于我们这个时代的史家……………………………	楼　劲	138
历史学家与古人对话的智慧…………………………	何德章	141
垂范岂限汉家——忆田余庆先生……………………	孟彦弘	150
哲人其萎，教泽永存…………………………………	侯旭东	158
老吏断狱、神探破案般的功力………………………	张　帆	164
清商远路自徘徊——送别田余庆先生………………	罗　新	173
远去的背影——田余庆先生逝世周年祭……………	韩树峰	182
寻找先生心中的"地火"……………………………	徐　冲	193
松散与亲密——北大魏晋南北朝史方向的重建与学风传承		
……………………………………………………	陈侃理	196
传承与超越——田余庆先生和我的北大学缘………	陈侃理	225
忆与田先生的两次见面………………………………	孙正军	229

后　记………………………………………………………… 234

在庆寿会上的发言

田余庆

衷心感谢今天各位朋友的光临。我自己理当说几句话,作为对大家爱意的反馈。套话不必说,新意又说不出什么,就把我八十岁时念过的举杯歌在这里做一点诠释,来阐述自己的思想,表达我的心意。

　　举杯歌·八十自寿并赠黑头人
　　感恩一
　　八十举一杯,感恩酽造化。
　　风烛庆余生,莫道酸甜辣。
　　环顾黑头人,相觑无多话。
　　有酒且须倾,莫待壶空乏。

"桃李春风一杯酒",是宋人的诗句。大家在一起,前前后后的同学,桃李芬芳。"桃李"带来了春风。"一杯酒"是虚拟,表示一点欢庆吧。所以我就来了一个《举杯歌》。称之为歌,因为歌不必有太严格的格律声韵的约束。这是一种藏拙护短的办法。《举杯歌》里第一是"感恩"。"感恩"没有新鲜的意思,但是有两点可以剖析之处。

　　第一点,我说"风烛庆余生,莫道酸甜辣",这有一点点思想背景。我想到人生都有酸甜苦辣,我也有,但是自己的"苦"不值得说,我在这个时候想到的是好多比我苦得多的人。同道的人，甚至是一些精英、前辈、同辈和后辈都有，几十年同行过来，他们翻了船、丧了家、丢了前途，甚至送了命。我在写到"莫道酸甜辣"的时候，有意省掉了一个"苦"字，意思就在这个地方。对我来说，我不敢说有什么苦，一辈子毕竟还是平安过来了。这就要"感恩酹造化"。

底下的这几句话，我主要是给黑头人说的。黑头人主要指学生，他们是我一生相伴、相扶的对象。我的职业是面对他们的，对他们确实有特殊的感情。有人问及，"莫待壶空乏"是不是有点罗隐诗所说的"今朝有酒今朝醉"的思想。我今天回忆，当初没有这样想，只是自己与拥有蓬勃前程的黑头人相比，深感迟暮，流露出消极的思想也是很自然的。这是"感恩一"。

回眸二

八十看从来，无晴亦无雨。
一曲定风波，正是回眸处。
扪首视身心，非台亦非树。
尽在市尘中，岂信慧能句。

第二段叫作"回眸"。大家一读就知道，这是学苏轼的话，是从《定风波》来的，也琢磨了他的思想。三月份，还是早春天气，苏轼远行，雨具没有，忽然来了一场穿林打叶的风暴。风暴一来，同行的人很狼狈，苏轼却镇定自若，不躲雨。接下来就是叙述他在风雨中的感受，最后，苏轼的结语是这样两句话："回首向来萧瑟处，归去，也无风雨也无晴。"我觉得最有意思是这两句话，在那么一个天气，他冒着风雨，带着酒意，边唱边行，竟然一点也不在意。过后，他回首一看，一切都没有了，风雨没有了，晴也没有了。淡定人生。我的结论就是淡定人生。这个"淡定人生"，不只是在这场风雨中的一次考验。他的诗里头也有几乎同样的句子，是"回首向来萧瑟处，也无风雨也无晴"。他这种达观、潇洒，我年轻的时候、中年的时候，体会不到，老年经历了风雨人生以后，才感觉到是一种高境界。

东坡居士是谈禅的，跟佛教谈禅比一比，有他的独到之处。宗教谈禅用《坛经》里面的话，菩提、明镜，什么都没有，说不上沾染尘埃。苏轼却说存在过风雨，也存在过晴，区别只是自己在意与否。所以我说"尽在市尘中，岂信慧能句"。从一生的尘埃之中走过来，却一尘不染，这是一种宗教的谈禅，思想、语言都是宗教的。这跟淡定自若的人生不是一回事。我觉得东坡居士的禅可能是处于更高境界的一种禅。这话是外行话，随便说说，说错了就算了。

　　　　　虚中三
　　八十愧平生，晚学何言守。
　　守拙尽其年，但效泥中藕。
　　虚中以自持，知己乃知足。
　　知己识浅深，知足庶免辱。

第三段是"虚中"。"八十愧平生"，为什么说这个话呢？因为我觉得人文社会科学的学者，达到高峰一般都是在五六十岁。五六十岁应该是"功德圆满"了，鲁迅到这个时候就走了，王国维也是这样，傅斯年跑到台湾去也是在这个年龄撒手了。他们一生的事业很辉煌。胡适五十岁的时候，也早把他该做的事做完了，躲在纽约公寓里，玩他的《水经注》。所以我们这一辈子做人文社会科学，要抓紧这一个时间。回头来看我的八十年，做过什么？"八十愧平生"，这里面包含着自己的回顾、自己的评估。所以我叫作"晚学"。因为我真正坐上板凳、沉下心来做学问已经是五十好几的人了，从真正的学问家来看，好时光已经过去。以后补上一点，但是有限，感慨就在这个地方,所以我叫"守拙尽其年"。

我的愿望是"但效泥中藕"。为什么这样说呢?因为荷一生都是被歌唱,被诗人、被世人,诗里头、画里头有的是。爱莲不用提了,"亭亭玉立"是形容荷花的俊俏,"荷塘月色""荷叶田田"都是古诗里常常被用上的。连"残荷"也常被描绘。荷的一生被歌唱、被喜爱,但是荷也有埋在污泥里面的根,就是藕。藕一生藏身于污泥。说实在的,我们所走过的这个社会,实在有很多污浊的东西。"但效泥中藕",为什么?因为藕"虚中",我看重"虚中"。外面很脏,切开来,中间是空的。这个"虚中",中间空出的地方,干干净净的地方,搁得下一个从学的人对学术的一片崇敬之心,搁得下自己想保留的一点学术良心。"虚中"给了我这样的一个空间。这是我自己的一点体会。"虚中"的好处在于自己能够认识自己,在于自己能够有自知之明。所以我用的是"虚中以自持,知己乃知足",因为"虚中",能知己,知道自己所短,知道自己实际的状况,知道学问的深浅。否则的话,不知深浅,走来走去也会是一场空。

"知足庶免辱"。"知足不辱"是《老子》里的话,我把它作为自己的格言,知足不辱。可是后来我又留意到《庄子》里引用的"寿则多辱",让我有点惶惑。我现在居于有寿之年,该怎样理解"寿则多辱"呢?这是第三小段。

共进四

八十有所思,夕惕诉诸友。

翰音莫登天,登天哪得久。

少染耳边风,多听江涛吼。

后浪汇前波,众生皆不朽。

第四小段是"共进",又回到我前面所说的,赠黑头人,在跟黑头人对话。八十岁时候对话的黑头,现在有很多也成白头了,或者将进入白头,十年了。对过去说过的话,我也有些今天的想法。

"八十有所思",诚心诚意地跟比我年轻的朋友们共勉。头一个方面,说的是"翰音莫登天,登天哪得久",这个话说的是"脚踏实地"。"翰音"是鸡,鸡在实地上面,要想登天的话,飞上去就会掉下来。陶诗里面有"鸡鸣桑树颠",南方的桑树是很矮的,要摘叶子,所以鸡可以飞上去,再想高飞的话,可能要掉下来。这个跟黑头人共勉之语,就是我们大家都要立足现实,有自省的功夫,不好高骛远,要做到踏踏实实,恪尽职守地来做事情。

底下说"少染耳边风,多听江涛吼",是抽象的话。"耳边风"用的是杜荀鹤的句子,他说"万般无染耳边风",这个话说得绝,你千万别沾染耳边的风,"万般无染"。我觉得要做到这一点是脱离现实。当今的社会里,哪有那么干净的环境,哪有与世俗完全无染的清高的人?所以"万般无染"我就改成了"少染","少染耳边风",要"多听江涛吼"。"少染耳边风"实际上是说不要去媚俗,不要随俗浮沉,尽可能保持独立思考,保持自由意志,自由自在一些。"多听江涛吼",江涛是入诗入画的,听涛是入诗入画的,自古如此。江涛是天籁,是一种自然之声,是让你感觉到人生在不断向前涌进的。所以我就用了"多听江涛吼"这句抽象的词语,来补充我前面所说的"少染耳边风"。超凡脱俗,尽可能做到这一点。我们的环境是污染的环境,自然环境如此,社会环境如此,周围的学术环境也是如此,真要有一个自己把握自己的定力。

最后两句话是归结到"赠黑头人"上面来,也归结到"共进"这个意思上面来。我用的是"后浪汇前波,众生皆不朽"。这个话是从哪里来的呢?刘禹锡的诗中有"前波让后波"。刘禹锡在晚年的时候,他元和、长庆的时候同在一起的文士,一个一个过去了,他自己文集里积累了很多祭文、悼诗之类的东西，感触很深，因此想到前辈与后辈的问题，就有了"芳林新叶催陈叶，流水前波让后波"的句子。他想到自己是前波，"让"了之后，后波才能上来，立意很好。这是一个学者想到的学术顺当传承，一首很好的诗。我想改动一个字，就是"流水前波让后波"的"让"字。我觉得"前波"无须乎让，"后波"也无待乎让，因为水流自然，都是一波一波过去的。我把它改成一个"汇"字，"流水前波汇后波"，前后波汇合在一起，后面还有波要来，自然而然地形成长流。我就是从这个意义上改了这个字。

《举杯歌》落实在"共进"，"共进"又落实在"赠黑头人"，我用的是"众生皆不朽"。只有"前波汇后波"，大家都会在这里面找到自己的位置。"众生"是兼指白头人和黑头人，兼指一代人又一代人。而且我想，实际上白头人朽了，黑头人也得朽，司马迁朽了，司马光也得朽。作为个人来说，没有不朽的。我说的"不朽"，实际上是指每个人的学术追求，并且都做出了自己的学术贡献。大家的贡献汇合在一起就是我们民族的文化，就是我们大家共同享有的民族文化。"众生皆不朽"，"不朽"的是文化潮流，不是个人。

我要讲的就是这样一些，跟大家献献丑。我的话到此为止，谢谢大家！

2013 年 1 月 12 日

我的学术简历

田余庆

学术贵创新。耄耋之年，创新乏力，学术活动已画上句号。这次出书，是由资深行家傅璇琮先生策划引起。我了解傅先生的造诣，情谊所在，不容我拒辞。近日，学界长者周有光先生百五高龄出版《朝闻道集》，论者以为此书不趋俗，不张扬，堪称独立思考、直写心得的智慧之作。他致力学术毕生不息的意志触动了我，这也是使我勉力答应傅先生邀约而重拾旧作的原因。

按傅先生的策划，我还得提供一份概述治学简历和成果的五千字的短序，大概就是一篇学术人生的素描。这个方面我以往未细想过，现在试着勾勒一下。

我青少年的时候，颠沛流离，未能获得稳定的求知环境。平凡的家庭未曾给我书卷习气的熏陶。那时是抗战第一，个人成长也是时刻心系民族存亡。后来流亡到大后方，碰上逐渐兴起的学生运动新潮流，青年人忧心国事，痛恨腐败政治，自然被潮流吸引。可以说，我的青年时代，读书求知的机会是靠自我奋斗，在缝隙中获得的。读书欲望虽然强烈，却不存在学术上有多大造就的志向和幻想。后来几经折腾，试过几个学科专业，终于落脚到史学领域之时，我充满欢心和干劲，也由于缺乏坚固的学识基础而战战兢兢。

我起初的落脚点是北大文科研究所民国史研究室。此时我已经转而专注于古代史，研究民国史并不是我的愿望。我在先辈的指点下被安排参加近代史史料编辑。1952年院系调整，调入历史系中国古代史教研室。余逊先生过世，我被指定接替他在历史系的断代史教学工作，主要是秦汉史和魏晋南北朝史，兼教中文等系一部分通史课程。

那个年代的教师，尤其是中青年，多数人都只能随着政治运动的风向飘移，难得有宁静治学和独立思考的条件，业务长进有限，我自然也是如此。我在政治运动之余，把教学当作一小块"自留地"，愿尽心尽力耕作，一来为学生，二来也让自己获得一点教员的奉献感。我的要求不高，阻力却是很大，常被批评脱离政治，这使自己长期感到压抑。

学校也有科研任务。中国史的科研，风向所指，一是学术批判，其中最有影响的是批胡适，但持续时间不长；一是意识形态强烈的五类课题的讨论，向达先生谓之为"五朵金花"。批胡适，我被邀约，写过批判"实用主义考据学"的文章，发表在《历史研究》上。当时自己是初生之犊，以无知而忝列"新生力量"，但心里并非无畏。我自知所懂甚少，跟着风向在政治上上纲上线，折腾一番，学术意义是谈不上的，运动过后，事情也就忘了。没想到隔了近半个世纪，谢泳先生著文涉及旧日批判胡适一案，顺便说到我，说我当年所批"实用主义考据学"的大胆假设、小心求证，也就是我自己后来治学的门径。谢先生的中肯批评使我自感惭愧。

关于"五朵金花"一类课题的研究，当时搞得热闹，我也不甘寂寞，暗自跟进，只是尚无把握，不敢张扬。我把范围选定在阶级斗争（实指中国古代农民战争）在社会形态转变中的作用这个方面。这并非新鲜问题，要想出点新鲜见解并不容易，搞不好很有可能被指责为异端。所以我着重找马恩语录来作支撑，写成了几万字的草稿，尚未完成。正在此时，学校展开反右倾机会主义运动，我被列入北大全校所谓批判"党内专家"（这是北大某领导人自创之词，意指以专家自恃的党内资产阶级知识分子，并不是真正的什么专家）一案。那时风云骤起，被批者和批判者都不甚明白这一案是怎样搞起来的，反正是乱砍乱伐，上纲都是反党反社会主义反毛泽东思想，披着理论外衣的反革命修正主义。批判毫无理性，残酷无情。最让我吃惊的是，校领导在总结此案的大会上，竟说出如果党员中有谁再搞修正主义，就休怪下手更重的威吓语言。我预料还将在党员教师中找所谓披着理论外衣反毛泽东思想的修正主义靶子，而我手上那篇未完成的文稿正适合批判的需要，于是就此机会偷偷把它烧掉，避免后患，心想以后决不再涉此类课题。下决心一烧了之，还有一个较深层的思想背景，就是批斗并没有让我明白究竟什么是修正主义，什么是历史研究中的修正主义。北大领导在总结此案的大会上训斥我们，气势很足，只是也没有说出什么是修正主义的话来。后来有点明白，就是越"左"越好。

在等待发落的过程中，我为了汇报学习毛泽东思想的心得，取毛选中敢于斗争敢于胜利的思想，写成一篇歌颂农民战争的文章，调子很高，《新建设》杂志印成大样，准备刊出。稍后形势变化，大局调整，舆论随之降温，文章没有出炉。这一在被扭曲心态下写下的表白性的违心之言，既误人又伤己，如果发表出来，成为我自己学术档案中的一页，将会是我永远的内疚，比起当年由于无知而乱批"实用主义考据学"，性质就不一样了。

接下来，在全国调整时期，我在翦伯赞先生主编中国史教材这项上面抓得很紧的任务中，潜心编写古代史的两大段落，利用时机补读了一些早该阅读的书籍。这是难得拥有的平静思考而又感到充实的几个年头，翦先生是非常关切我的长者，理解我的处境，对我调适心态帮助很大，我很感激他。只是他无从理解他自己的处境，不久以后就陷入大灾难之中，令人悲愤不已。

这几个年头，是我对自己的学术人生的反思过程，也是认识深化过程。我从自己的经历中深深体会到，学术上不可能不受政治风向的制约，但也不能一刻放弃独立思考。求真务实毕竟是学术的首要条件。自己落笔为文，白纸黑字，要永远对之负责，不能只顾眼前。如果以务实求真为目标，真正做到以我手写我心，错了改正，这样的学术工作才能心安理得，才是为学正道。我按照独立思考、务实为学的信念，改变过去浮华的路数，设想沉潜做专题研究工作，逐步推出专题研究课程，酝酿写出研究文章和著作，重新开启自己为学之路，进入一个新的境界。没等到迈开脚步，"文化大革命"一来，一切变样。不过有了这几年的沉思和历练，学术理念已较为明确。只是所设想的为学之路暂时受阻，等形势稳定后再说。

几年理性反思使我脱离了过去那种懵懵懂懂的状态，成熟了一些，懂得随波逐流的错误和危险。因此，我在十年"文化大革命"中多少能理性地判断方向，谨慎从事，避开一些风浪，少栽一些跟头。这里我举与学术有关的两项事例。

正当外间盛传"劝君莫骂秦始皇"诗句的时候，军宣队带同出版社的人，找我写歌颂秦始皇的书，作为政治任务，要得很急。我知道此事有来头，不容说不。他们要的是政治，不允许两点论，学术水平不太在意。我处在困难中，只有拖延一法。拖到出书失了时效，才被允许改为写一篇论文，要在《北大学报》复刊号上刊登。文章写完了，虽然重在歌颂，但总体上还是没有脱离两点论。军宣队的干部会上放出话来说："北大居然还有人坚持骂秦始皇是暴君！"言外之意大家懂得，好心人为我担心，让我家人考虑眼下利害关系，劝我不要再顶牛了。我当然非改不可。怎么改呢？我想到如果只图现在过关，时过境迁之后，有人以此责备我涂抹史实歌颂农民所反对的暴君,我能规避文责吗?所以我只有斟酌分寸,删除了部分内容,在文末另加小段文字,表明秦始皇历史贡献中人民付出了沉重的代价,本文对此不予评论。这样,妥协达成,《北大学报》登出了这篇艰难曲折中写成的平淡文章。风波过去了,我逃过一劫,避免了背负自责的包袱,舆论也能理解我的苦心。事后回思,我把那时能侥幸争得这种妥协视为自己坚守务实为学的小小的得意之笔。

务实为学,还有一个事例。在评法批儒高潮中,我被约为《历史研究》复刊号写文章。此时曹操作为法家皇帝正被热捧,我觉得对这个问题还有点话可说,于是写成《曹袁斗争和世家大族》一文。审稿过程中,风闻有较强烈的责难,我没有太在意。我猜想责难可能是在曹操兴于法而终归于儒这一见解上,这一学术见解如经恶意歪曲,可能触犯大忌。但我知道,按曹操情况,不崇法不能起家,不入儒不能治国,此见解既有史料根据,又有前人研究可供参考,所以我敢于坚持。此文刊出时用小字排印,附在一篇大字排印的工农兵群众歌颂曹操文后,可以被理解为一篇供批判用的反面文章。我当时对此有点懵懂。后来全国政治大局有了急速转移,舆论重心随之大变,此文居然躲过批判。多年以后,清华的刘桂生教授告诉我他所知审查此文的幕后情况,颇为详尽曲折,也算是我所知关于此文的一点小小掌故。曹操一文的论点、思路和方法,实际上都是受陈寅恪先生的影响,这在当时并不是自觉的,却对自己以后的学术工作长期起着作用。现在我把此文选入本卷书中。

一场"文化大革命",连同其序幕和余波,对我说来,损失时间又不止十年。从生理上说这是读书人最能拼搏出成果的十年,我失去了。等我在学术上重新上路时,自觉还略有余热可用,只是一刻也不容耽误。

重新上路，从重新读书开始。旧史新读，有时能读出新义。学与思结合得紧一点，读书得间，能较快发现新问题，顺利进入研究过程。我秉持的理念，是求实创新。华而不实之作，无独立见解之作，无思想内容之作，趋俗猎奇之作，我都不去考虑。我知道能拼搏的时日毕竟有限，必须量力而为，心无旁骛，特别是在研究范围方面不容扩充。教师最主要的任务是教书，我是以教书为乐的，所以我把备课与科研结合起来，教学促科研，科研为教学。我觉得这是我发挥余热的合适而有效的途径，我循此走过十好几年。后来一场大病剥夺了健康，教课暂停，科研还勉力维持，只是节奏慢了下来，思维能力退化。八十之后，沉潜的研究是全无力气了。

勾勒自己的学术人生，觉得在学术上能发挥一点光和热，主要是"文化大革命"以后的事情，为时已经不早了。1991年我在自己的一本书的前言中说：

十余年来每有所思所作，总不免晚学之憾。但是自知之明和学有所守的体会却日渐增长。一位博学多才的文学家在自己的一种著作付印后被问及此后写同类作品的设想（今按：这是指杨绛先生为《围城》出版事问钱锺书先生的话，当时为避攀附之嫌而未举名字），他回答说，要想写作而没有可能，那只会有遗恨；有条件写而写出来的不是东西，那就要后悔了，而后悔的味道不好受。所以他强调说："我宁恨毋悔。"对这几句话，我曾久久凝思。我知道学科有不同，学识有高下，不能一概而言，强比前人。不过"宁恨毋悔"的论学之语有如当代《世说》，读来浓郁沁心，极堪回味，我愿以为圭臬。

我用旧日写的这段话来结束新的自序。我想强调一下其中的关键词，首先当然是"宁恨毋悔"。此外，"晚学之憾"和"自知之明"

也要强调,"晚学"所以少成,"自知"所以知足。至于"学有所守",是想避免曲学和滥作,守住科学良心,这是我的愿望。

〔此文是为《当代名家学术思想文库·田余庆卷》(沈阳:万卷出版公司,2011年)所写的自序〕

耄耋之年话教书
——访历史学家田余庆教授

一、人生经历：心忧国家，弃医从文

记者：田老师，您是新中国成立前就到北大的，可以说是北大历史的见证人。您自己又是研究历史的，今天想专门向您请教历史与教学方面的问题。您能先谈谈您早年的人生经历吗？

田老师：我早先在医学院念过一年，学过一点自然科学课程。抗日战争时期的学生，想的多半是国家民族存亡问题，追求救国之道，听说西南联大有浓厚的民主气氛，学术自由，关注中国现实，我就转了过去。当时一心就是要认识社会，认识当前中国，接着再认识历史的中国，想法简单幼稚，但很纯真。

记者：当时确实有很多有识之士都意识到民族存亡的根本在于思想，要开启民智。您为什么选择了学习历史呢？

田老师：进入西南联大，本不是学历史。我选择了政治系。我误以为政治学以现实中国为研究对象，进入这个系之后，才知道课程都是西洋内容，跟中国毫无关系。横向摸索中国不可能，我就转到了历史系，从这里纵向摸索。在选择志愿方面，我走的是一条弯路。

记者：您后来为什么会选择三国魏晋时期的历史作为您的研究领域呢？

田老师：上学时期我已转而专注于中国古代史。至于后来教学时的断代领域，那不是自己的选择，是工作任务安排。我在北大文科研究所当助教，做过一点中国近代史史料工作。院系调整后，先是教中国通史（古代）。那时教秦汉魏晋南北朝史的余逊先生突然过世，系里要我递补上去，就转了过来，教秦汉史、魏晋南北朝史，实际上是边学边教。

记者：您转到这个领域教课，当时有没有遇到什么困难？

田老师：那个时候要靠做研究逐步进入某个领域，是很难的，教课任务起很大的推动作用。困难是准备不足。那时上课要先写出讲义，并且要印发给学生。年长教师帮我一起顶了一阵。讲义是要年年修改的，要补读很多书，要充电。那时经常有政治运动，一次运动要搞几个月。平时也有好些繁杂的事要做，天天开会。晚上十点多开完会后，才是我读书的时间，经常读到凌晨两三点。我把可用的时间和精力都放在备课上，慢慢积累。我觉得自己的教学每年都有所提高，内容、见解也不断成熟。前进的动力就是从教课任务、从学生那里获得的。

二、教学心得：师生互动，教学相长

记者：您能具体谈一下您多年教学工作的体会吗？

田老师：做了一辈子的教师，我最信守教学相长的原则。无论年轻还是年长的教师都适用。以教学相长原则为指导，从教学中充实自己，提高自己的教学能力和学术水平。这种前进过程，长期在专门研究机构（研究所）里工作的人似乎难于体会。

在学校里，如果不能从教学中汲取灵感、发现问题、促进思考、开阔视野，就只能做教书匠。教书不只是一个吃饭的职业，不只是给学生灌输一些具体知识，而是要跟学生进行思想交流。我教学生，学生进步了，提高了认识，又会提出新的问题，反馈给我，让我认识到自己的不足，促使我探索新的领域，获得新的认识。所以，上课是不能年年一个样的。

人生到老，都会觉得有很多很多东西是自己还没弄清楚的。这是一种毕生的追求。教书是一种不断追求的事业，我这一辈子都很安于、乐于做这项工作。对我来说，做学问的动力和启发多半来自课堂，来自跟师友的问学，来自与学生的接触。当然，更为根本的，还是要靠自己读书。

记者：教学相长的原则具体怎么体现在您的工作中呢？您能举个例子吗？

田老师：我曾经在不经意中从学生那里得到过一个受用终生的教益。早年从教时，我总是兢兢业业，很快就得到了学生的良好反映，我当然很受鼓舞。有一个学生跟我谈，提到了一个"深入浅出"和"浅入深出"的问题，他觉得我的课有时只是"浅出"，没有"深入"。这对我起了很大的警醒作用——我那时候哪能深得起来呀，知识就那么一点。做研究首先需要有充足的、过硬的知识，从中提炼出经得起检验、具有创造性的见解，而不是一些人云亦云的东西硬撑出一个什么道理来，强为立说。后来懂得这叫作"厚积薄发"。在以后的教学、研究过程中，我经常用学生的这句话来反问自己、鞭策自己：我究竟积了多"厚"？该不该"发"点什么？"厚积"难，"薄发"要发得好更不容易。

我比较能够尊重学生，理解学生，也爱护学生，跟学生做朋友。对于高层次的学生，特别是能力较强的博士研究生，我一般是以商量的态度跟他们探讨，不把问题和我的意见说得很死，留有余地。我愿意多听学生的陈述，激发学生自己思考，让他们自己展开思路，我从中做必要的帮助。我只作建议，让他自行决断。这样的学生往往是能举一反三，只偶尔点拨一下，就学得很好。

记者：您经常跟学生交流吗？是在课堂上交流，还是课后专门找时间?

田老师：经常，这两种情况都有。教基础课时，我有时会到学生宿舍里去，听听学生的意见和看法，答问辅导。同学生交谈，有时能从学生那里得到意想不到的启发。我对学生要求也比较严格，一般都是在学风方面看到什么问题，我会说得重一些。但也会因人而异。有同学说，他们怕我。我还算一个比较随和的人，他们怎么会怕我呢？大概是态度严肃了一点，不够亲切吧。我想，教师还是随和和严肃两方面都有比较好，问题是怎样才是适度。

记者：您通过跟学生交流能获得研究的灵感，甚至获得一些新的东西？

田老师：能得到启发。教师自己也要有领悟力，要敏于从学生的意见中发现思想的火花，抓住它，触类旁通，细致思考。要善于去粗取精，从他们比较粗糙的表述中体会其中的精微之处。这里有具体的例子，但是说来比较专业，比较繁琐，就不谈它了。

三、学术研究：从实做起，虚实结合

记者：能谈一下您在启发学生、引导学生方面的体会吗？

田老师：南宋人吴曾说："大匠诲人必以规矩，不能使人巧。"这是用孟子的话，加以引申。老师教学内容一般是中规中矩，学生当然要认真学。但是领悟学问还要有细微的"巧思"，却不是"大匠"可能教给你的。这个"巧"要靠自己学会，也就是要有悟性，要多思，要独立思考。"独立思考"这四个字对教书人、对读书人都十分重要，太重要了。要经常对学生讲句老话："师父领进门，修行在个人。"

记者：您说"大匠诲人必以规矩"，但不同的"规矩"效果肯定不一样。您能否讲一下您在教学方面的"规矩"是什么？

田老师：你这个问题让我又想到了前人的话。朱熹用"文"和

"实"来谈做学问的道理。他认为，做学问十之七八是"实"，剩下的十之二三是"文"。这个"文"不光是文采的意思，它更是指你的思想、你的见解。你要把问题提升到比较高的位置，具有比较广阔的视野，升华之后来把握它、认识它。也就是说，站得高一点，看得远一点。我们今天把这个称之为思辨能力、理论功夫。这既要深邃，又要严密。

我对学生说，做人文科学的研究不要凌空蹈虚，做历史更要"实"一些，要"从实做起"。离开实证的研究就很难说是历史研究了，必须要踏踏实实地读书，最好读一手资料。再看别人怎么写，怎么研究。以此起步，慢慢懂得入门上路的方法，有了自己的初步判断和点滴见解，最后是独立思考，对一个问题构成自己的认识。不具备必要的知识，只靠独立思考，也是要不得的，可能养成浮夸。

对人文学科的研究讲究"虚""实"两个方面。"实"就是对资料的搜集、占有、考实，"虚"则是你的分析能力和综合能力，你的悟性和灵气。虚实结合，是人文学者一辈子追求的工夫。如果没有百分之七八十的"实"，就没法进入历史研究的领域，如果思考能力欠缺，百分之七八十的工夫等于构筑了一个原料库房。那当然也很有用，但毕竟还不能算是研究的完成。

记者：怎么提高读书的质量呢？有的人可能看过很多书，但只能鹦鹉学舌，甚至断章取义地重复一下别人的观点。怎么才能由实到虚呢？怎么才能产生独到的、有价值的思想？

田老师：我跟你讲个有启发性的例子。我看到一个医学信息。有种巨蜥，尾部特别肥大，每年只进食三次，每次食量惊人。巨蜥怎么能储存那么多的能量呢？按照常理，过多的养分分解后会进入血液，造成高血糖，危害躯体。一位科学家观察到这一现象，他设想，巨蜥的体内一定有某些特别的血糖调节机制。他联想到人的糖尿病，病因是人体的代谢功能缺失，导致血液含糖量过高，引发一些严重病症。于是他由实到虚，把巨蜥和人这两种东西联系起来进行思考，得到启发，合成了类似巨蜥体内调节血糖的激素，制出了一种新的医治糖尿病的药物。这种研究的医学价值究竟如何，我不清楚。我只是从此受到启发，觉得研究人文科学也有类似的过程，都要有悟性，由此及彼，由表到里，只是比自然科学可能要更长期、反复的考察和检验，才能获得独到的成果。

记者： 就是说，人的头脑如果始终处于思维状态，就变得非常敏锐，很容易被外界事物启发，能够联系到自己正在思考的问题上来。

田老师： 正是这样，脑子里要有问题才好。而且，还要考虑到，在研究工作中，没有直接拿来就能用的东西。巨蜥跟人的问题，要经过具体实验，也要经过抽象思维，比较研究才能把握住两者之间的微妙关系。历史研究，如果随便找点材料，拿来就用，而不经过实证检验，这样做研究没有价值，还败坏了历史学的科学性。尤其是要慎重看待历史与现实相比附的问题。历史跟现实有一些可比之处，但也有很多不可比的地方，因为两者具有根本不同的条件。这两者是一种相互借鉴相互启发的关系，要把握适度，不能乱来。

四、历史研究：历史与现实相通

记者： 您能不能讲一下应如何对待历史？我们对历史的认识总会受到各种现实因素的干扰，很难把握历史的真面目，比如近代的太平天国、义和团运动这些历史事件。

田老师： 这个问题很伤脑筋，但这主要是由于人为的干扰，政治的干扰，不是由于科学概念的混淆不清而产生的。一方面研究历史对于认识现实有很大启发，很多历史的东西也能影响人们对现实的认知；另一方面人们有时也不免会带着现实的问题去研究历史，硬削历史之足去适现实之履。不懂现实确也难于理解历史，但只限于启发，绝非雷同。从社会现实出发，你可能发现历史和现实相通之处和可比之处，从而得到一些启发，增进认识能力。但这要适度，不能凭某种类似现象而信口比附，把蚯蚓比作蛇，把巨蜥等同人类。

根据现实的某种需要去歪曲历史，拿历史与现实妄加比附，这肯定是错误的。就是说，你从你的立场来借用历史，我从我的立场来借用历史。这样一来，历史就失去了时代性、客观性和真实性。胡适把这种现象讽刺为"历史是任人打扮的小姑娘"。说到底，历史与现实是两码事，只供借鉴，不能比附。拿两者随心比附，让历史人物跟现实人物对号入座，让历史事件与现实事件等量齐观，这至少是肤浅庸俗，低级趣味，甚至是别有用心。各朝各代的文字狱，有许多都是从此下手的，太可悲了！

谈到这里，我觉得值得从另一方面强调一下，历史是一门科学，而不是政治的奴仆。科学有它的独立性，有它特有的价值。历史学对人类千百年智慧的积累，对民族精神的形成、延续和发展所具有的独特作用，远非跟眼前一点政治效益可以相提并论。我们重视历史，首先就要从长远来关怀爱护，而不要去糟蹋它。糟蹋历史也就是糟蹋祖先和他们的精神和文化。

记者：是否应该站在古人的角度去看待历史问题？

田老师：没有必要纯粹站在古人立场上看待历史。事实上也没有这种可能，因为不能复制出古人社会的物质背景和人文条件。你使用一个历史材料时，应当尽可能准确把握它的真实意义和它在当时的价值，但是只能说"尽可能"。这是一种理性思维。把一本历史书写得特别确定，让历史问题都有定论，使人人都有同样的看法，这是没有必要的，也是做不到的。人们看历史，总会有自己的角度，总会有偏差之处，"定论"本身就包含着对历史的某种矫饰。由于我们对历史还存在某些误读，所以才需反复研究。今天谈儒学，把孔子的《论语》拿出来，能找出多种解释，谁也不可能把它定于一尊。对儒学可褒可贬，有高有低，只要持之有故，都是理性范围的事。过去搞全民批孔，把儒学糟蹋成那种样子，简直是一种历史罪过。今天都是说儒就信，见孔就拜，又走向另一极端了。

记者：我们总是强调历史对现在和将来的意义。那么这种意义究竟在什么地方，能否谈谈您的感受？

田老师：这个问题有多方面的解答，我这里只就一个方面来谈谈感受。人类的知识无非来源于几个方面：自然、社会和历史。没有对历史的认识，就不可能把握现在和未来。成年人如果得了失忆症，忘了自己的过去，生活就很成问题，像老年痴呆一样，存活不了多久。忘记历史，人为割裂历史，歪曲历史，只能是民族的灾难。还有，历史是有尊严的，可以讨论历史，不可以瞎编历史。历史是人类智慧的一个不可缺少的资源，中国历史资料丰富，是中国民族之福。问题在于如何开发和运用这些资源。开明的民族都会从传统中汲取营养，也不故意遮掩传统的消极面，并努力消除它，这也是民族智慧的表现。

五、教学建议：加强交流

记者：您对现在的教学状况有什么意见和建议吗？

田老师：我觉得我们的大学教学中缺乏商量和讨论，可能仍然重在灌输，讨论搞不好，交流不充分。学生在教师面前总是不大敢说自己的见解。比较新鲜的见解，不成熟的也好，错误的也好，应当敢于提出来跟老师商量，跟同学商量。曾有国外的同行教授把我邀到他的课堂上共同教一堂课。其实那就是个讨论课，学生一般不会只安于听讲而不说话。学生和老师在一起，有问有答，没有顾忌和禁忌，气氛很活跃，也让我脑子里增添了一些国内听不到的问题。

再一个就是教师之间的交流问题。我建议，教师提出研究课题，定期在师生中间做学术讲演。这是教师的义务，要纳入各单位学期或学年的学术活动计划。这其实也是对教师和研究人员的一个很体面的考察，而且是互相考察。你要告诉你的单位和你的同事们，也告诉学生，这段时间你都做了什么研究，出了什么与你的教师职务相称的成果。同时也是对教研领导的考察，考察你是否尽到了促进教研的领导责任。

北大教师不能只做知识贩子，这话是蔡元培先生说的。教师要以教学和科研作示范，教学生做学问的方法，特别是要鼓励求实的创新精神。创新必须独立思考。独立思考，求实创新，在日积月累中实现超越。后辈超越前辈，就是延续了前辈的学术生命。让更多的学生超越自己，使一代超越一代，这是北大教师应有的襟怀，也是北大学术水平应有的进步。

（原载北京大学《教学促进通讯》2009年9月24日，采访时间为2009年6月16日，采访者郭九苓）

田余庆先生访谈

问：在最新版的《东晋门阀政治》后题记中，田先生您说本来还要写一章"温峤与江州"。按照田先生的归类，温峤似乎不是第一流的东晋门阀士族，为什么要加入这一章呢？

答：关于温峤，我初探东晋门阀政治时已有较深印象。以他平庸的条件，过江不久就得到执政诸高门的接纳和信任，平苏峻后立即获取东晋地缘政治中配置给他的江州地盘，这中间必有特殊的理由。只是他在江左生存只有十二年时间，其间居江州之位不过三年，既无众多的宗族部曲相随，更无出色的子嗣继承，所以江州局面未因他的开辟而稳定下来。我留意温峤与江州一事，主要是探究温峤能在江左走红的缘故和在江州留下的影响，填补东晋门阀政治和东晋地缘政治的一点空阙。

问：原来您是从东晋权力格局中的荆扬对立、荆扬平衡的角度来看位处中游的江州，因而关注温峤历史作用的。

答：十年前，我得见"代王猗卢之碑"残拓及柯昌泗题记二则，推断碑为刘琨立于316年3月至11月之间。此碑对于两晋政权嬗变极具象征意义。立碑年份也很关键。一、316年，拓跋部败于石勒后一蹶不起，长期龟缩代北，未豫北方纷争，刘琨则逃奔冀州段部，西晋在中原的旗号不复存在；二、苟安于长安的晋愍帝，同年降于匈奴刘聪，西晋更是名实俱亡，胡、羯完全占有长江以北；三、建康与长安原本是分陕而治的状态，此时司马氏政权在建康独存，为西晋遗臣瞩目，但缺晋朝法统与帝号。由于这样的历史背景，刘琨以他所具西晋所授大将军、司空、都督并幽冀诸州军事的旧日名分，与他在冀州所靠的鲜卑段部段匹磾共同领衔，派遣温峤出使建康劝进，使司马睿称帝获得重要的推动力，温峤从而进入东晋历史舞台。

问：温峤并非一般的避难南渡人士，他是代表西晋末年的重要人物刘琨的，而刘琨的支持与建康朝廷的顺利建立有密切关系。可是，刘琨为什么自己不去建康而要派温峤南行呢？

答：据传刘琨少无令誉，好游权贵之门，习性浮夸，史称"佻巧之徒"。八王之乱之末，他受东海王越之命出督并州，历经艰辛，获得声望。但他观望于长安与建康之间，曾有"苟能隆二伯，安问党与仇"的寓志之句，与琅邪王并无近谊。而建康自永嘉以来，北士逐渐充斥，各据要津，未必看重刘琨。刘琨一心报晋，死前犹有"何意百炼钢，化为绕指柔"的《赠卢谌诗》。卢谌回答"百炼或致屈，绕指所以伸"，所伸自然是指伸向建康。刘琨屈居段部只有一年，就在段部内斗中被缢死。

问：《晋书》记段氏杀刘琨可能与王敦密使有关，卢谌《理刘琨表》也反复替刘琨表白对建康并无二心，也许说明刘琨在琅邪王睿与南阳王保之间的观望的确造成了政治波澜。敦煌出邓粲《晋纪》残卷有温峤《理刘琨表》，同样能说明这个问题。

答：太原温氏本属二流门第，温峤本人又"姿形甚陋"，但以劝进言辞获得称许。他盛赞王导为江左管夷吾，亦是谦卑而无所觊觎。他应对进退有度，江左胜流留有一些赠答诗篇可参。他带来的劝进表文由"河朔征镇华夷"一百八十人联署，刘琨、段匹磾领衔，具有广泛的代表性，凸显北方多种势力对建康法统的一致认同。后来，东晋一朝对北政策始终是不与刘、石通使而与鲜卑拓跋、段部等亲近。可以说刘琨、温峤所亲所仇，奠定了东晋一朝对北方各部族的基本政策。

问：温峤能够迅速融入南渡群士的上层集团，既有刘琨的背景，也是靠了他自己的才具。在江左的各大政治势力间，他本是一个孤客，但他周旋于各势力间，不仅能够自存，还颇有成就。

答：温峤与太子（后来的明帝）结深交，对王敦坚决抵抗。王敦叛平后又为受株连的众多党敦朝士吁请宽免，做得周到适度。他反王敦而亲王导，使自己在纷纭的朝局中居于稳定地位，不随朝局而起伏变化。他更显著的功绩是与荆州强人陶侃周旋应对，既不助长陶侃，又能借重陶侃实力，一举歼灭苏峻叛军，挽回东晋大局。朝廷命他都督江州，驻守于扬、荆之间，显然是期望他起上下游的缓冲作用，使江左内部不再重启重大纠纷。他安定了被建康视为异己势力的陶侃，使他终身与建康和平相处。

问：具有重要战略地位的江州，就是从温峤开始展露其六朝史意义的吧？

答：以长江一线基地为主导的东晋地缘政治布局，中枢扬州长期在王导之手。下游徐州侨郡县具有拱卫建康的特殊作用，由郗鉴长期稳定经营。温峤刺江州，与郗鉴刺徐州同时，二人处身行事和所起政治作用大有可比之处。只是温不永年，死后江州成为扬、荆两强争夺之地，未能独立发挥作用。稍后，下游扬州之西出现了豫州，扬、豫一体；上游荆州之北出现了雍州，荆、雍一体。可以看出，江州是上下游必争之地，把温峤配置在江州，是东晋有远见的决策。温峤明白此意，不负所托。他曾有迁都江州之议，而江东豪杰则主迁会稽。迁都不符王氏利益，未得王导认可。温死葬豫章，表明温峤原拟以江州为其家族在南植根之地。后嗣视形势已变，乃迁葬建康今郭家山之地。温峤江州之业无合适的后人继承，自择北来入幕之人，后转手入"驰驱戎马之辈"，与诸门阀不能合辙，这是门阀政治格局所不能容纳的。再后陶侃以荆州之重进占江州，陶侃有谦退之志而无非分之求，死后江州重回门阀政治轨辙。

问：您关注江州，是因为在东晋门阀政治的地缘政治格局中，江州是一个新因素。

答：门阀政治，主导者自然是高层门第，是他们与司马皇权共治。门第高下，一般地说靠社会舆论认同，高门则以婚宦壁垒自我保障，但其身份却没有法律的硬性界定，没有按门第高下分配政治权力的正式机制。少数臣僚虽非寒素，但门第却不甚高者，由于特殊机遇，攀升至举足轻重的位置，如温峤、郗鉴。不过他们也不可能入主中枢，因为得不到高门的广泛支持。我从这种现象感知，建康政权像是一间股份公司，东晋皇帝是名义上的业主，轮流执政的门阀则拥有最大的股权。门第是入股的必要条件，虽非股权大小的唯一依据。陶侃有较强实力，立有大功，但以"望非世族""俗异诸华"，是无从入股的。王导门第最高，与司马氏关系亲近，自然有最大的股份。而温峤、郗鉴门第二流，是靠政治机遇获取股份。他们难得在中枢获利，却能分割地盘，形成东晋的地缘政治格局。他们在地缘政治中各自经营，郗鉴非常成功，温峤具有经营成功的能力，却因不永年而未竟其业。

问：在这个地缘政治格局中，江州具有什么特殊地位呢？

答：东晋一朝，对付北敌窥伺，守在长江一线及淮、汉地区，以政区分，则是徐、扬、豫、江、荆、雍等州，地缘政治在此区域展开。其中扬、荆二州形成长江流域上游下游两大中心，斗争复杂，现象纷纭。南方腹地诸州，不涉大局，无多可述。温峤所属江州，辖今赣、闽全境及湘境东南隅，地域辽阔。境内流民颇多，有货殖之利。江州土地开发显著，运漕不止供应江州驻军，也供长江沿线尤其是荆、雍军需。闽境粮食循水路输贮江州仓储。荆、江及于交、广，往返物资运输多循赣水一线，而少经由湘水。江州腹地发展状况，记载不多，何德章教授论梁陈之际江州土豪势力的兴起，有的可追溯到东晋时期，可资参考。唐、宋时期，旧日江州地区经济增长，人才辈出，堪与扬州比肩。回首前尘，温峤的奠基作用值得关注。

问：温峤建议迁都江州，是一时权斗需要，还是别有深虑？

答：江州都督军府置于长江沿线，多在寻阳左近，刺史驻在豫章，既重在军事上链接扬、荆，又关注江州内地发展潜力。这当是温峤请求迁都豫章的理由。只是温峤猝死，江州发展没有由他经营。江州居扬、荆两大之间，先是"驰驱戎马之辈"争夺不已，入陶侃手后经过几年安定局面，转归庾亮。庾氏坐大荆、江，建康的王氏则派出王允之与庾氏相抗衡，争夺江州，引发不少次或明或暗的冲突。谢氏以西府之重曾经插手江州，然后就轮到桓氏一揽荆、江之重了。几十年江州的矛盾斗争，求其嚆矢，还得从温峤算起。

问：从这个角度看，在《东晋门阀政治》中加入温峤一章，就可以理解了。

答：温峤在古史中已有赞颂。《晋书》列传人物以类相从，置温峤与郗鉴于同卷，为作佳传。郗比温晚死十年，这十年间经营京口，外抗胡羯，内卫京都，对门阀政治的稳定起了很大作用。其人虽不持中枢政柄，但史实钩稽，可见其功勋所在，较早为今日史界认同。温峤其人其事，与郗鉴大同，只是未能在江州营造出如同京口那样的事业，因而在东晋门阀政治中默然无闻。只有仔细审读史籍，着眼于大局分析，才能得出像王鸣盛在《十七史商榷》"元无远图，明年短促"条中那样的判断："诸臣中亦惟温峤有英略，而峤又不永年，有以知晋祚之不长。"

问：最近一些魏晋史学者在一些场合谈到，日本的中国六朝史研究的核心思想是贵族制理论，而中国学术界在实证研究与理论总结两个层面所作出的唯一回应，迄今为止只有《东晋门阀政治》。

从这个意义上说，《东晋门阀政治》是中国魏晋史学界在重大理论问题上与日本学术传统的一次对话。可是，仅仅从字面上看，《东晋门阀政治》一书并没有提到贵族制问题，也没有摆出理论探讨的姿态，因此史学界对此书与日本学术传统对话的性质似乎理解不足。请问先生，这一描述是否准确？

答：《东晋门阀政治》中的论述，与日本学界关于中国中古的贵族政治理论，确实是各说各话，避开正面交锋。另有一位美国学者姜士彬（David Johnson）称中国中古政治为寡头政治（Oligarchy），出有专著。我与姜当面讨论过他的观点，也未多评论。我以为各人写书自有其精到之处，我知之不深，未必能准确品味，还是不多插嘴为好。但是上列观点也确有我所不能认同之处，靠口水之争未必能辨识清楚，不如独自表述，听由读者判断。我觉得迄今所知国外学者关于贵族政治的论说，一般不曾从原始资料发掘入手，一步一步推敲，求其演进之迹，而是用中国古史套用西欧历史框架，因而难于使历史上通下串，左右关联。

问：先生强调门阀政治是汉唐皇权政治之间的一个变态，一个短暂的插曲，而且本质上并不是对皇权政治的否定，显然是为了回应贵族制社会的学说。先生对东晋政治的分析，是不是基于这种对汉唐社会与政治的连续性的理解呢？如果魏晋以降的社会与政治并没有真正偏离皇权政治传统，那么，是不是说，汉晋之际的变局，尚不足以使中国社会走向一个新方向？甚至可以说，皇权政治与制度仍然富有生机？

答：中外学者论中国贵族政治观点的可酌之处，在我看来，关键是在对专制皇权作用的观察角度不同。古时候，在大国规模、统一制度的中国国家中，政治纷纭，必需专制皇权驾驭。专制皇权可能一时式微，可能一时旁落，但是不能须臾缺失。在没有被一种更有效率、更符合人性的制度根本取代之前，千百年相沿的专制皇权思想和制度可能更换表现形式，却会在不同的外壳下继续存在，或者是继续被利用。把皇权这个因素过度淡化，看重几家门阀、几个人物在舞台上的活动，而抹煞其与皇权的互动，抹煞其假皇权以行事的实际，这样就出现了中西无别的所谓贵族政治。

问：陈寅恪先生分析汉晋之际的政治，从代表不同文化传统和不同利益集团的社会阶级着手，比如曹氏与司马氏。您似乎很早就扬弃了这一思路，比如《曹袁斗争和世家大族》一文。到了《东晋门阀政治》，就有了全新的方法。想请先生谈谈该如何理解陈先生那个思路的局限性。

答：陈寅恪先生学识渊博，思虑深密，我跟陈先生学术档次隔得太远，想学学不到手。他的创新见解和方法，开辟新路，对他所论述的问题，后来人只是站在他的肩上，才有可能拓展视野，补苴罅漏，难得跳出如来掌心。我写袁曹斗争之文，实际上是承袭了陈先生的思路而有所发挥，只是那时不敢提陈先生之名，后来才在补注中说出原委。关陇本位之说是一个大学说，贯通北朝隋唐，读过的人都受启发，终身受益。我觉得陈先生未甚留意之处，是在运用其创见解释后代史实时，未尽充分考虑到历史条件的变迁，因而有时显得准确度欠缺一点。如袁曹出身行事的差别，涉及阶级和文化，对三国历史形成影响很大，是创见，很高明。但当曹氏已居皇位，并且已历数世之后，陈先生仍以曹袁出身差异为主要理由，来解释魏晋易代的缘故，就显得隔得远了一点。陈先生以其关陇本位的卓识解释几百年之后的牛李党争，也让人感到其间历史虚线长，缺乏实感，难得丝丝入扣。

细品陈先生的学说，要说歧见，只是觉得陈先生未甚关注之点，是中国古史中始终是皇权至上，皇权专制制度是运转历史的枢纽。

尽管朝代变了，制度的外观有异，甚至后来皇帝居位制度也被推倒了，但皇权统治思想和某些机制实际上是保存在社会躯体的骨髓里面，可以说形成历史的遗传基因。对这方面的认识，近年读阎步克教授的论著，觉得他比我有深度，我很赞赏。

问：《东晋门阀政治》出版二十多年来，虽不曾洛阳纸贵，但专业人士的评价却持续走高，在当世算得一个罕见的现象。您在《拓跋史探》里考证崔浩史案时，对史学发展与时代政治的关系感慨良深。这是不是基于先生的个人经验与观察？

答：对于古史的理论思维，越入老年越能领会宋儒所说"善未易明，理未易察"的道理，未敢轻信，未敢多言，因而也越难于做到学者所好的论难争持、择善固执。我不常用"研究"字眼，而好用"探索"来表述自己的工作，这是对历史考察的一种内心感悟，而不只是谦退姿态。谦退自然也是必要的，只有自己最明白自己底气不足之处和藏拙所在，认准自己的智慧不足以全面看清历史，不得不留有余地。

学术是公器，个中人都要留有余地才好。过去当作口号倡导的所谓鸣放，鼓动尖锐争论，不过是一种政治要求，造成可利用的气氛而已。对大破大立之说，我原来还有点相信，后来逐渐看透了，有点懂得学术只能独立思考，走自己的路，但还不太敢坚持这种认识，有时还会由于自保而跟风说话。中年以后，才逐渐滋生了一种学术上的定力，找到一点不惑的感觉，言语写作尽可能多作理性思维，错误也就少了一些，知道错了也能心安理得地认识和改正。

人到这岁数了，新书新论读不进去，实际上是脱离了学术前进的潮流。咀嚼往事，伤时之思多了起来，不过也是随想随忘，要清楚记住是困难的。年轻人问起我的治学经验和对史学的瞻望，我只能瞎聊几句，没多少新鲜话语。其实读史越久，越多有看不懂的问题，靠后面的人接着思考。好在一代胜过一代，新资料新眼界总会产生新认识。

（原载2013年1月6日《东方早报·上海书评》）

有怨无悔田余庆

郝 斌

田余庆先生离开我们整整一周年了。老友相聚，说到往事，常常会联想到他，那熟悉的音容笑貌会立即跳到眼前。他和北大历史系、他和他所从事的史学之间，情怨缠绵，交错了大半辈子。我想起一些事，写在这里，年轻的朋友看了如果还觉得新鲜，对我们的田先生，也许可以算作另一种特别的追念。

田先生早年本来学医，弃医学史是后来的事。改行之后，他就同史学、同北大历史系结下了不解的情缘。

田先生治史，有一种过细的钻研功夫，更有他独到的见解。正所谓高处着眼，细处下手。对这种治学的路数，他的前辈、他的同仁和他的学生，多半给予赞许和服膺；受他熏教的一些弟子亦摹亦随，得益不小。如今，在北大的中古史中心，这样治史的路数，得到推崇，似乎渐成风气。

几十年下来，田先生著述兼作，两个方面都有相当的成就。他讲课，不疾不徐，传业解惑，使听者如坐春风，偶有见解抒发，让人如饮甘醇。学生们几十年后相见，他讲的什么，固然不复记忆，但都觉得回味有余。他认为，做到这步，只算一个不错的教书匠。堂上堂下，他注重教给学生治学的方法，"授人以鱼，不如授人以渔"。讲到自己得意的地方，他不把话说满，而是给学生留下一些思考的空间。他多次说过，课堂之上与学生的成功互动，让他从中获得的启发，是促他深入思考的一大动力。

在研究方面，他写出单篇论文若干，成书的专著只有《东晋门阀政治》《秦汉魏晋史探微》和《拓跋史探》三部，这不能算多，若以时下的风气来论，只能说是太少了。可这少有的几部，三年不飞，一飞冲天，甫一发行，就令业中人士眼睛一亮，被认定是传世之作。《东晋门阀政治》一书，有人甚至用"洛阳纸贵"来形容。一部学术著作，哪能享得这份荣显？这种夸张的说法，无非表示它确实非同一般罢了。近来，此书可以奉为经典的声音，也有出现。

不过，仔细盘算下来，他做出这些成就的时段，以及伴随着成就而得到的一些快慰欣喜，大都在他的晚年，换句话说，这都是他耳顺以后，即二十世纪八十年代以后的事了。六十岁以前，田先生同史学的情缘，如果能有两句话来概括，我想就是：对史学，他有执着的追求；史学带给他的，些许快慰偶尔会有，可麻烦、不快实在是多而又多。

"落脚到史学领域之时，我充满欢心和干劲。"[1] 这是1952年的事。1953、1954两年，日子大体平稳。在此之后，麻烦渐渐出现，而且如影随形，阴影越来越大、越来越重，影子几乎盖过了身子。

最早是做党务与做业务，在时间上发生的冲突。

二十世纪的五十年代，学校里的党务工作分量很小，党委的专职人员只有几位，所有的事情，经过他们几人之手就全都办完了。到了系里，工作量更小，一律由青年教师中的党员兼职料理。在历史系，这样的人有三位：田余庆、荣天琳、夏自强。院系调整之时，他们分别来自北大、辅仁和燕大，都曾是地下党员，担任这份工作的资历绰绰有余。可他们又是中青年教师，讲课的压力山大。当时，

---

[1] 《当代名家学术思想文库·田余庆卷》自序，沈阳，万卷出版公司，2011年。

政治性的运动渐呈来潮之势，运动要由党的干部来主持，这样一来，就把他们的时间占去不少。

这种状况日甚一日，直弄得他们兼差作了本差，本职反而成了副业。会议常常开到午夜，回到家里才能坐下来备课，到凌晨两点、三点，乃是家常便饭。赶上次日有课，那就天亮见了。幸亏历史系可以担任这份工作的不是一位，于是书记之职，就由三人轮流担任，无形之中，形成了历史系的"三驾马车"。有了这种轮值的模式，谁任正职，谁就拿出绝大部分时间和精力去做党务，担任副职的，则多多少少可以骛心于教学。

其实，"三驾马车"这个话，出自当时的学校党委书记史梦兰之口。史梦兰为人平和，说起话来常有一点小幽默。他讲这个话，只是对历史系党务工作状态的一个事实描述，不含任何褒贬之意，更没有一点点不予认同的意思。不想，后来时移世易，这个话被改呼为"轮流坐庄"，语义发生变化，就演变成了历史系的党组织被某某三人所把持的近义词了。语言的妙用，存乎一心。这一句话，把热情、向上、一心为党的三位青年教师，一股脑儿全给栽进去了，可怜的是，田余庆、荣天琳、夏自强谁也无言申辩。

话说回来，做党务、做业务，在时间上发生矛盾，今天看来，好像不是什么大事，在当时真的非同小可。

讲课，得先写讲义，这是劈头一难。那个时候，没有现成的教科书，就连历史系的两门基础课："中国通史""世界通史"，也一样没有教材。此前多少名家的名著，各种版本的通史、断代史，统统慵懒地躺在图书馆的书架之上，它们被认为"陈旧""观点有问题"，或者干脆是作者"有问题"，而弃如敝屣。可学生拿什么做读本呢？仅有的一本是范文澜的《中国通史简编》，当时才出了第一分编，即原始社会到秦统一六国部分，到公元前221年戛然而止,拿这个本子做教材,只够一个学期用的。

至于秦汉以后,那就全靠任课教师去现讲现写了。这就是当时的讲义。就算每周两个学时的课吧,少也得写出三五千字来,限时交给学校印刷厂去手刻、油印、折叠、装订,赶在课前发给学生。有时候,教师已经开讲了,班长才抱着一摞讲义拿到课堂,那是刚从油印机上取下来的。班长按座位分发,油墨的味道散满一教室。开讲的教师,如果照念讲义,一段、两段还过得去,再多就没人听了。

这个时候,口头上得讲出另外一套才是功夫,但要与讲义的内容大同而小异。两节课讲完,还要指定必读的参考书让学生去看,这个书目里的内容,又需与讲义小异而大同——那就成了第三套。您想想,同一段内容,课前写的、堂上说的和课后让学生看的,出自一人之手,要拿出三套花样,各有巧妙不同,这容易吗!

第一年上课如此,第二年旧课重上,该轻松了吧?第二年要修改、补充,第三年要修改、补充,年年都要修改、补充,没有止境。越是修改、补充,难度越大,永无轻松可言。

时隔半个世纪之后,田余庆回忆起这段日子,滋味犹然在喉。他说:"我在政治运动之余,把教学当作一小块'自留地',愿意尽心尽力耕作,一来为学生,二来也让自己获得一点教员的奉献感。我的要求不高,阻力却是很大,常被批评脱离政治,这使自己长期感到压抑。"[1]

"脱离政治""自留地",是当时批评他的话。把党务视为社会主义的"大田",把课堂视为资本主义的"自留地",这是那个时候的常情常态。其实,今天看来,我们的田先生被人譬作自耕农,倒是再恰当不过。他像"一大二公"时期在自家园子里干活的那种人,

---

[1] 《当代名家学术思想文库·田余庆卷》自序,沈阳,万卷出版公司,2011年。

一垄接一垄地浇水，一根苗接一根苗地培土，那份用心，那份尽力，换个地方，哪儿去找呢！

"脱离政治""自留地"的批评日复一日，让田余庆患上了政治型"压抑"症，还是弥散性的，持续几年之后，并发症跟着出现，这是后话。田余庆在八十岁的时候有诗自寿，其中就有"风烛庆余生，莫道酸甜辣"之句[1]，其后自注："酸甜辣，不足言苦也。"其实这是事后入诗的话。当时他没吭一声，哪是不足言呢，乃是无处言也、不敢言也！您想，这个苦，他不一口一口咽下去，能有别的办法吗？

2009年，他接受《教学促进通讯》的访问[2]，85岁了，才把肚里积存了半个世纪的苦水吐倒出一点点来。虽然境况已非当年，我们但看他把挨批的用语"自留地"，几番拿来入诗入文，调侃一再，就足见这个滋味确实是积郁难化。

教师这个差事，有它的职业特点：他要在众人、众目之前，一个人单挑儿完成。尤其是当年文史哲人文学科的课程，课堂上一般无须学生开口，教师没有助手，更没有如今的PPT等辅助手段，最多一张地图。要想把课讲好，靠的全是自己，任谁也搭不上手。另外，那个时候"课堂神圣"的观念很重，课堂是众人仰视的所在，有谁愿在这个地方应付差事、轻慢自己呢？可一天只有二十四小时，真到了捉襟见肘的时刻，不得不苟且相待，哪怕是一课、两课，您想想，这不是一种精神上的痛苦和折磨，是什么呢！

毕竟还是田余庆。生活在夹缝里的他，挣扎成长，只四五年功夫，论起业务水平，在青年教师之中已经崭露头角。潜力和前景，更为

1　《举杯歌·八十自寿并赠黑头人》。
2　见北京大学校内刊物《教学促进通讯》载《耄耋之年话教书——访历史学家田余庆教授》一文，采访者郭九苓，采访时间2009年6月16日。

系中同仁所看好。说这个话的时候，已经到了1959年，"反右倾运动"到来，在北大批了一些"党内专家"。历史系挨批的有教授汪篯，再就是田余庆。

运动中的批判，不同于往常，原来的"脱离政治"，升级为"向党要时间""以党内专家自居""在群众面前他是党员，在党组织面前他是专家"。所有这些，归结到一点，都是"非无产阶级思想"，推论下去，也就是"异己思想"。在逻辑上，这也没什么不对。可在批判发言中，用"异己思想"替代了"非无产阶级思想"，再进一步，又省去了"思想"二字，孤零零剩下"异己"两个字，这个词儿的分量，就大不一样了。所谓上纲也者，您回过头来看，原来并非全无缘由，也有一个"逻辑"存在其中！

八十岁以后，他两次跟我回忆起那段日子，唏嘘，摇头。其中还有一些夹带发生的插曲，我听了更是无语。

"文化大革命"一来，田余庆、荣天琳、夏自强无一幸免，都被打倒了。1967年春，从"牛棚"放出来的田余庆，在两派对峙之中，日子过得战战兢兢。他既不能参加任何一派，又不能游离于"革命"之外，于是便同"牛棚"放出来的难友张芝联、宿白等同组，凑到一起，读"语录"、学"毛选"，抱团取暖。

那个时候，北大师生所在的基本单位，如班级、教研室、科室等等，统统废弃不用，全为"战斗队"所取代了。所谓"战斗队"，就是观点相同、彼此说得来的人，或七八人，或三五人，组合在一起，共同参加"文化大革命"活动，并对校内外大事用大字报共同表态的组织单元。它们各有一个名字，多半从毛主席诗词中取来，三四个字，铿锵有韵，既可发抒革命的浪漫情怀，又可作为队中成员共同意志的一种宣示。

冠以这样名称的"战斗队"，一时林立校园之中。在运动边缘取暖的几位，不红不黑，既是凑成一团了，潮流不随不行，走过了头也不行，总得拿捏分寸，猪鼻子插根葱——装个象（像），起个类似"战斗队"那样的名字才好，否则被谁看着不顺眼，就难以自保了。为起这个名字可难倒了一群英雄好汉。他们不敢像学生那样"虎踞龙盘"，也自知无力"我主沉浮"，他们一样不能"傲霜雪""慨而慷""缚苍龙""枪林逼"。最后还是田余庆想出四个字："跃上葱茏"，大家都赞成。前几年，一次聊天的时候，田余庆跟我道出这个名字背后的良苦用心：如果有谁问起名字有何意义宣示，可以答曰："最高指示：跃上葱茏四百旋。"[1] 改造思想的任务对我等来说，犹如登攀，尚有"四百旋"的路程在前，道阻且长，必须一步一个脚印云云，此之谓也。

您知道，"战斗队"成立的时候，田先生刚从"牛棚"里放出不久，要是早几个月，换在"牛棚"里，这个话就得换成另一个说词："我们只有革心洗面，脱胎换骨，才能重新做人。"从"脱胎换骨，重新做人"，到如今的"跃上葱茏"，雅致了不少，也体面了许多。您看，虽在屈辱之下，一遇机会，老是抹不掉的那点人的自尊心理会立刻回泛上来，强把屈辱当一回自尊，心里还未免沾沾自喜。

那个时候，这是多少知识分子甩不掉的尴尬和无奈！夹缝里过活，适者才可生存。畸形的政治生态，把人的心思、精力都挤到这个地方，催生出来的是另类的才华和智慧，您看看这叫什么日子呢！

到了1973年，"军宣队""工宣队"主管学校已经四年了。约在初夏时候，有迟群、谢静宜做头头的"军宣队"，近水楼台，以特有的灵敏神经，感知高层有推崇"法家"之意，而秦始皇就是

---

[1] 毛泽东所作《七律·登庐山》中有"一山飞峙大江边，跃上葱茏四百旋"句。

有怨无悔田余庆

一位大大的法家,于是抢先让田余庆写关于秦始皇的文章。那时候,《北京大学学报》已经停刊七年了,一时急忙复刊。田余庆的文章,被安排在复刊号上,算是一个门面。

也是在那几年,历史成了政治的使唤丫头,呼来唤去的活剧,上演过多出了,早为国人有目共睹。奉命为文的田余庆不能拒写,又不清楚上面的葫芦里卖的什么药,只是不甘堕入此道,所以肚里加着一份小心。他的文章分两部分,前面用了大约一万二千字左右,写了秦始皇如何统一六国,如何书同文,车同轨,包括焚书坑儒等等,总而言之,言而总之,全属进步的法家精神。后面草草一段——读者朋友,可惜的是,今天我们无缘再睹田余庆的当年旧稿,这"草草一段",究竟写了些什么,此处只好遗憾地付诸阙如。但笔者确切地知道,这个部分的文字不是很多,并以"他终不失为一个暴君"九字作为结语,则是分毫不差。

这前后不成比例的两个部分,到了2011年,近四十年之后,田余庆在《我的学术简历》里面回忆说:"文章写完了,虽然重在歌颂,但总体上还是没有脱离两点论。"[1]——笔者这里顺便一说,所谓"两点论",是我们当时挂在嘴边上的话,意思是说,任何事物总有正反两个方面,论人论事,不可以偏颇简单化——这也是毛主席他老人家当年提倡再三的一种思维方法。

既然没看到田余庆的当年旧稿,读者难免要问,田文最后的九字结语,你是如何知道,还把它说得如此叮当作响呢?我在这里必须补做一个交代,这是田余庆的夫人李克珍早年亲口对我所言。她说这个话,另有一番情由,详情容后再叙。

炮制这篇文章之时,历史系的教师大都下放了两三年了,按说

---

[1] 《当代名家学术思想文库·田余庆卷》自序,沈阳,万卷出版公司,2011年。

早该轮到田余庆。当时为赶这篇大块文章,"军宣队"把他下放大兴分校的时间是一推而再推。交稿之后,田余庆赶紧收拾行李,走上"五七道路"。他人前脚一走,在校的全体师生后脚就听到最高指示传达下来,那是毛主席在1973年8月5日写的一首七言律诗:

> 七律·读《封建论》呈郭老
> 劝君少骂秦始皇,焚坑之事要商量。
> 祖龙虽死业犹在,孔学名高实秕糠。
> 百代都行秦政法,十批不是好文章。
> 熟读唐人封建论,莫从子厚返文王。

诗题上的"郭老",指的是郭沫若;"十批"是指郭沫若二十世纪四十年代写的一部史学著作《十批判书》;《封建论》是指唐人柳宗元(子厚)写的一篇史论文章——我们听了这个传达,当时只想到郭沫若这回要挨批了,还不知道这首七律就是后来一场搅动全国的"评法批儒"的动员令。

田余庆的夫人李克珍听了传达,真可以用"大惊失色"来形容。她想起田余庆刚交出去的文稿结尾那句"他终不失为一个暴君",只觉得最高指示说的"劝君少骂",指的虽是郭沫若,可在北大,简直就是冲着她的夫君发来的。文章正在排印,事情紧急万分。

那个时候的大兴还不属北京市区,通电话要打郊区长途,所花费用在市区与长途之间。李克珍来到学校的电话室,接通了田余庆,可是大兴分校还没听到传达,田余庆不明就里。电话室里人出人进,李克珍吞吞吐吐,只反复说文章必须改,最后一句要拿掉。田余庆认为全篇文章的"眼",就作在这句话上,怎么舍得拿掉呢?这边的李克珍急得哭出声来,说:"我求求你!你就看在孩子的分上,听我这一回吧!"那边的田余庆还是牙关紧咬,没有松口。

有怨无悔田余庆

后来的事情我们可以推知。《北京大学学报》不是他田余庆的家报,上面如果照登了他的文章,迟群、谢静宜的领章、帽徽即刻扯掉,也未可知。田余庆回忆说:"军宣队的干部会上放出话来说:'北大居然还有人坚持骂秦始皇是暴君!'言外之意大家懂的。好心人为我担心,让我家人考虑眼下利害关系,劝我不要再顶牛了。我当然非改不可。"[1]

"怎么改呢?"田余庆伤透了脑筋。"我想到如果只图现在过关,时过境迁之后,有人以此责备我涂抹史实歌颂农民所反对的暴君,我能规避文责吗?"[2]

"文责"!噫吁嚱!危乎高哉!——在那个无是无非的年代,不就是白纸之上写几个黑字吗!我们的田先生居然顾虑到日后的"文责",他真是迂腐得可以。当时的"笔杆子"不可谓少,可有几个想到这一层,顾及到了日后呢!

不过,话说回来,"文责"这个东西,原是一件清夜扪心的事儿。您若有问,它就会有,也可能很重;如若不问,它就是无,旁人谁也无可如何!总而言之一句话,或有或无,全凭自己。我们的田先生,一介书生,手无缚鸡之力,虽不能为生民立命,却想为天地立心。本来人生天地之间,为文有文责,为师有师道,为医、为商、为政,干哪一个行业,都该有自己的遵循。事理天理,实在不可以一日论是非!

至于文章修改的细节,今日已经难考。

我们现在可以看到的,除了正式发表于《北京大学学报》1973

---

[1] 《当代名家学术思想文库·田余庆卷》自序,沈阳,万卷出版公司,2011年。
[2] 《当代名家学术思想文库·田余庆卷》自序,沈阳,万卷出版公司,2011年。

年第2期[1]、署在田余庆名下的题为《关于秦始皇评价的几个问题》之外，再有就是到了2011年他在《我的学术简历》里，写到的一点点相关文字了。在《简历》一文中，他这样写道："我只有斟酌分寸，删除了部分内容，在文末另加小段文字，表明秦始皇历史贡献中人民付出了沉重的代价，本文对此不予评论。"[2]

如今，我们将学报上刊出的文本对照他事后的这段说明来看，我以为可以做出两项判断：第一，所谓"删除了部分内容"，大概是指原稿中"两点论"中的后一点，即可以引出"他终不失为一个暴君"的种种论据，删掉了。第二，刊出本的最后一句："至于秦始皇作为一个剥削阶级的统治者对人民的剥削和压迫，这里就不多说了。"——我完整地摘引在这里——想必就是他说的"秦始皇历史贡献中人民付出了沉重的代价，本文对此不予评论"那句话的意思吧。

"这样，妥协达成，《北大学报》登出了这篇艰难曲折中写成的平淡文字。风波过去了，我逃过一劫，避免了背负自责的包袱，舆论也能理解我的苦心。"[3]

直到晚年，田余庆都很看重这件事。倒不单是庆幸逃脱一劫，他认为，一个知识分子本该"学有所守"。他从事的专业是历史，"守"，按照他的解释，就是"避免曲学和滥作，守住科学良心"[4]。按照字面，我以为，"守"还另有一层意思，就是底线。这一回，田先生在如此艰难曲折的过程中，守住了这条底线，说来好不容易！

"我把那时能侥幸争得这种妥协视为自己坚守务实为学的小小的得

1　《北京大学学报》，双月刊。1964年第6期（12月）后停刊。到1973年1月刊出当年的第1期，封面标明为"试刊"，同年7月出版第2期，应为正式复刊。
2　《当代名家学术思想文库·田余庆卷》自序，沈阳，万卷出版公司，2011年。
3　《当代名家学术思想文库·田余庆卷》自序，沈阳，万卷出版公司，2011年。
4　《当代名家学术思想文库·田余庆卷》自序，沈阳，万卷出版公司，2011年。

意之笔。"[1] 我们的田先生，确实有充分的权利为此好好骄傲一回。写到这里，读者可以看到，田余庆不仅如本文开篇所说，他有史识、史见，原来他更看重史德。

风波过去了，一劫逃脱了，文责没有背负，这几点都得到、做到了，那么，"舆论也能理解我的苦心"吗？说到这一点，可就没有那么简单了。另一段酸楚的往事又从这里引发出来。

"评法批儒"展开之后，写作班子"梁效"组成。田余庆被拉入其中。后来的审查表明，在班子里几年，他只是被动地做事。"学有所守"，他还在秉持和延续。到1976年末，"四人帮"倒台，"梁效"成员前后审查了几年，田余庆的这篇文章自然也在审查之列，他儿子的升学也受到影响。这个时候李克珍同我讲了前面说到的那番在电话室的尴尬通话，意在说明田余庆坚持秦始皇是"暴君"，没有按照"四人帮"的意志办事。她说："劝他删掉的是我，可他硬是不听！""梁效"审查全部结束，田余庆才得解脱，并没有提前一天，儿子的升学障碍也没有排除。"舆论"的谅解在哪儿呢？"舆论"是什么呢？"舆论"是一阵风，它跟田余庆没有一毛钱的关系。如不言"舆论"而看"人心"——常常是不便说出却藏在人们心里的一种认知，也许还贴切一点吧！

中国素有写史的传统，古代有"良史"之说，所谓"在齐太史简，在晋董狐笔"。撰纪当代大事是"良史"的神圣职守，"我必须写，我只秉笔直写"，是他们恪守的职业道德。相对说来，大学里的历史系，人们孜孜以赴的教学和研究工作，不过是对既往的一种叙说而已，与"良史"的纪撰当下，原不在一个档次，不可同日而语。

其实田余庆做到的也只是"我可以闭嘴，但我不胡写"。今天，

---

[1] 《当代名家学术思想文库·田余庆卷》自序，沈阳，万卷出版公司，2011年。

我们怀念田余庆先生，心生感慨不少，不知道怎么，忽而想到古代的"良史"，我竟不知再说什么是好。我们不是相信社会进化论吗？我们不是总说时代在前进、时代的步伐不可阻挡吗？那么，是时间欺骗了我们呢？还是我们戏弄了时间？到哪里能够求出一个答案？

（作者为前北京大学副书记、常务副校长）

田余庆先生的治学之路

林被甸

田余庆先生如何走上中国古代史研究之路？早在自己当学生时就产生过这个问题，那时，主要是出于对田先生学问的敬佩，想了解他的治学之路。

我是1955年考入北大历史系本科学习的。当时，历史系本科是五年制，教学上十分重视打基础。比如，中国通史要安排学三年，按历史断代，由知名教授或中青年骨干教师任课。给我们讲秦汉魏晋南北朝历史的，就是田余庆先生。

田先生给我们讲课时才三十岁出头，在中国古代史任课教师中，是最年轻的一位。但是，他讲的课有深度，既不乏老先生们那种细致绵密考索之功，又有让人耳目一新的宏观概括和独到见解。在知识分子思想改造运动之后，很多老教师们小心谨慎，堂上多照着讲义授课，以致我班同学林生早在后来的教育革命运动中，贴出过一张题为《上课神疲论》的大字报。而田先生的课，很吸引人，受到欢迎。历史本应该是不枯燥、不空泛的，让人体味无穷，这正是我当年报考历史系的理想追求。所以，听着田先生的课，钦佩之情油然而生。

还有一件事，更为打动了我。按照规定，进入二年级，大学生要写学年论文，我们这一届要求学生每人作一个历史人物年表，你选择了哪个朝代的人物，就由相关任课教师来指导。我选的是东晋刘裕，自然就由田先生指导。田先生要求我们使用第一手资料，认真读好《史记》《汉书》。

这是我入大学后第一次较系统地阅读古代典籍，热情很高，一心想写好这次习作。为了使自己的文章内容丰富，史料充实，我把古籍中那些自己以为精彩的词句和评述，悉数摘引到自己的文章中。文章完成后，用老式的竖排稿子誊写，装订成整整齐齐一本，交了上去。过了一些时候，作业发下来了。看上去田先生仔细审阅了我的文章，因为文中留下了不少标记，最后还写了一大段评语。最为醒目的是他在我认为一些精彩的词句上，用红笔划出道道，标有"陈词滥调"四个大字。这犹如给了我当头一棒，在我以往写作中还从来没有受到这样的批评。

但仔细阅读他的批语，不难领悟到田先生想引领一位初学者入门的苦心，他在评语中着重指出：写文章要有"独得之见"，不可人云亦云！这正是我在这次习作中暴露出来的最大问题，也是对我如何做学问的一个重要告诫。这么一想，就感到田先生这次批评和指导是多么的可贵！

因此，经受这次批评，在我的思想上反而拉近了与田先生的距离，加深了对他的尊重，也就更想了解田先生是如何走上中国古代史研究之路。

1963年，我留校任教，对田先生的早年经历和治学道路，有了更多的了解。原来，他与我的业师罗荣渠先生从西南联大开始，就是同班同学，他们都积极参加了"一二·一"运动，田先生还担任过北大学生会的负责人，上过国民党的黑名单。罗先生学生时代的日记，有不少关于田先生参加革命活动以及如何同反动军警斗争的记述。有一次，军警闯入校园抓捕进步学生，同学们把田先生层层围在人群中间，把他严密保护起来，得以躲过一劫。后来形势更为紧张，特务们常常深夜入室抓人，他不得不东躲西藏，一次就临时在罗先生住处过夜，因为那里有一堵矮墙，越墙可到理学院那边避难。还有一次是躲到低一个年级的李克珍先生的女生宿舍处，因为附近有一段不高的围墙与大街相邻。

1948年临近解放，形势进一步险恶，田先生等十二人遵照上级指示离校奔赴解放区。可时过不久，北京就和平解放了，他又随解放大军入城，参加了接管北京城的工作。后来征得组织同意，回北大历史系继续学业。毕业后留校工作，先从事中国革命史、中国近代史方面的教学和研究，后来才转到了中国古代史。

关于他北大求学时紧急离校、后来复学，以及毕业留系后从事革命史、中国近现代史教学和研究的情况，是田先生一次同我谈话时提及的。可是，当我了解到田先生这些早期经历时，似乎进一步加深了我在学生时代所产生的问题：既然最先接受的是中国近现代史方面的任务，而这方面恰好是北大历史系十分薄弱、急待重建的学科，怎么又放弃了中国近现代史，搞起中国古代史来了呢？可是，那次谈话为时仓促，平时接触机会又不多，未能进一步了解。

2000年，田先生和我家都迁到新建的蓝旗营小区，他住十二号楼，我住十一号楼，交往自然多了起来。李克珍先生大学时也给我们讲过亚洲史，后来同属一个教研室，更多了一份亲近，不仅节假日我常登门拜访，平时也多有往来。有时他们打电话来要我和老伴一起过去坐坐，也有几次，两位先生亲自登门到我家聊天。

记得有一天，门铃突然响起，我开门一看，是两位老先生。田先生见到我表情有点惊讶，就笑了起来："今天天气好，在院子里散步，走着，走着，就走到你这里来了，连电话也来不及打了。"进门坐定后，我们像往常一样，想到什么谈什么。我看田先生今天精神格外好，在他谈到西南联大一些往事时，我即想起放在心上已久的问题，脱口而问："田先生，那你后来怎么从中国近现代史又转到中国古代史，搞起魏晋南北朝史的呢？"

这个问题似乎打开了他早年记忆的盒子。他们一边喝茶，一边叙述，主要田先生讲，也有李先生的插话。这次谈话差不多进行了两个多小时，是我们谈话时间最长的一次。这次谈话终于解开了我心头之谜。

田先生说："年轻时也怀抱宏大志向，但我家境平常，少年时并没有受到你的老师罗荣渠那样的家学熏陶。早年颠沛流离，目睹旧中国的穷困和破败，一心想济世度人。最早立志学医，后来感到医生可以治病人，却治不了社会，于是从医学院退学，改学政治。后来又转到历史系，先想过要学世界史，认为不了解世界，你怎么改造中国呀！想当年，对于搞什么专业，自己并没有明确的定见，毕业后被留在文科研究所的民国史室，就搞起中国近现代史来。"

接着，田先生针对我的疑问，回答说，他思想转折发生在中国人民大学研修班学习期间。留校后，最初曾承担中国革命史教学任务，期间被选派到中国人民大学进修班学习。由苏联专家授课，讲授联共党史，以大课形式进行。所谓讲课，就是苏联专家在台上一字一句念讲稿，坐满讲堂的学员们在台下静静地听他念。实际上，讲义已发给了听众，而讲授者仍照本宣科不误。课后分组讨论，所谓讨论，也是要求学员们复述讲义的内容。如此周而复始，直至培训结业。

田先生说，一个学期下来，他的思想深受震动。心想，如果大家都照着这一套去做，还需要有个人的思考和研究吗？由此，心中渐渐形成了一个明确的想法：革命史、中国近现代史是没法搞了，联共党史那一套理论全给框死了；世界历史也没法搞了，因为世界历史研究也不可避免会受到这个理论模式的限制。看来，只有中国古代史，也许还会有某种思考的空间。恰好1952年高校院系调整，历史系人员重组，田先生争取进入了中国古代史教研室。接着，本系余逊老先生突然病倒，他多年来讲授秦汉魏晋南北朝历史，田先生垫补了这个空档，接过了这门课（秦汉部分先由汪籛先生承担），从此，就在中国古代史落户。

田先生讲述的故事，很多我闻所未闻，听得很出神，也不免感到吃惊：五十年代初，正当是"学习苏联"的口号响彻全国的时候，田先生却从中看到弊端，引起警觉，并由此做出重新选择专业方向的决定，不能不说，这是一种难能可贵的眼光和抉择。

惊讶之余，我很快认识到，田先生能够做出这个选择并非偶然，这乃是发自他内心所秉持的一个理念：独立思考，求实创新！这句话是田先生2009年接受教学访谈时自己总结的。他一生秉持这样的理念要求自己，也这样教育学生，我当年做学年论文时，他对我最重要的告诫，不就是"要有独得之见，不可人云亦云"吗！正因为他持有这样的理念和追求，在进入中国古代史专业之后，几十年如一日，勤奋耕耘，开创出了自己的一番天地。后来他曾讲到他进中国古代史专业时的心情："几经折腾，试过几个学科专业，终于落脚到史学领域之时，我充满欢心和干劲。"因此可以说，当初这个选择，是他治学道路上迈出的十分重要的一步，成就了一位闻名中外的中国魏晋南北朝史研究领域的大家。

田先生虽有幸如愿落脚于中国古代史领域，但他的治学之路并不平坦。田先生在回顾当年自己的境遇时说：经过几年的历练和沉思，学术理念已较为明确，可正当潜心做专题研究，开启自己为学之路时，没等迈开脚步，"文化大革命"改变了一切；一场"文化大革命"，夺去了他"最能拼搏最能出成果"的年华，等到重新上路，仅只有"余热"可用了。

然而，我们后来看到的，是田先生晚年在学术上的巨大爆发力，他那些连连获得人文学科最高奖项的重大学术成果，都是在"文化大革命"后到他大病前这十余年内完成的。他用他生命的"余热"，谱写了他学术创作巅峰期的辉煌。这般惊人业绩的取得，固然是由于他早先已有了明确的学术理念，设定了自己的为学之路，但是，我以为还有一个很重要却容易被忽视的因素，就是他的学术心态。这一学术心态，即是他在九十寿辰座谈会上解释《八十自寿·回眸》诗中所表达的"淡定人生"。

《回眸》一诗，是田先生取苏轼词《定风波·莫听穿林打叶声》意写成，其中有这样两句："八十看从来，无晴亦无雨。"对于"无晴亦无雨"这句话，最初我看了感到很不理解，心存疑问：革命年代上了国民党政府的黑名单，屡遭抓捕，可谓"出生入死"；新中国成立后，从红楼到燕园，在北大经历的暴风骤雨还算少吗？我记得田先生有一次同我谈话，就是历数1949年后直至"文化大革命"政治运动中的遭遇，其中，最让他刻骨铭心的是1959年的反右倾运动中把他列为重点批判对象。

1957年以来，政治运动不断，田先生又承担着不轻的教学和科研任务，对学生有高度责任心的他，不免抱怨读书时间太少，影响了备课。没想到1959年反右倾运动中，把他反映"读书、科研时间太少了"的思想，上纲上线，居然总结出"党内专家向组织争时间"为阶级斗争的新动向。"党内专家向党争时间"一时成为大会小会重点批判的经典话语。北大党委书记甚至在全校大会上当众警告："对敌斗争并没有停止，如果再不回头，下一个回合就是你这一伙了！"

田先生说，当时真感到大祸临头了，这一关过不去了，甚至产生过轻生的念头！好在形势很快发生了变化，大跃进、反右倾运动后，随之而来的是三年严重经济困难时期，政治上逐渐变得宽松起来。他的事也就没有再进一步追究，这样又逃过了一劫！

听着他讲这些风口浪尖的故事，可以说与听他讲革命年代出生入死的故事，同样令我惊心动魄。那么，明明是经历"出生入死""风口浪尖"那样的风雨人生，怎么一下子变成了"无晴亦无雨"了呢？后来，在九十年寿辰座谈会上听田先生对诗的解释，方明白过来，原来他是借用苏轼的词《定风波》，来表达自己的心境。虽然经历了政治上的急风暴雨，又迎来了风雨过后的晴天，但年届八十时，回头看去，一切都没有了，风雨没有了，晴天也没有了。田先生把这种新的思想境界归结为四个字：淡定人生！

事实也是如此。田先生晚年正是在这种心境下平静度过的，达观、坦然，即使有风吹草动或干扰，皆不为所动。他经常向我们提及的是做学问不可媚上，不可趋俗；史学工作者要关心政治，但所做学问不可与政治拉得太近，更不可根据某种需要，拿历史与现实妄加比附，歪曲史实。晚年的他是这么说的，更是这么做的，"华而不实之作，无独立见解之作，无思想内容之作，趋俗猎奇之作"，都不去考虑。他心无旁骛，潜心研究，淡定人生，一心学问。我们在他的身上，仿佛可以看到当年苏轼在穿林打叶的风雨中，镇定自若，徐徐前进的身影。

田先生把他的诗作，意味深长地命题为《举杯歌·八十自寿并赠黑头人》。如今，田先生离开我们整整一年了，但他举杯吟歌的声音仿佛仍在我们耳边回响。如果说，"淡定人生，一心学问"是田先生一生治学道路的写照，那么，也可以说，这也是田先生留给黑头人最宝贵的精神财富。

2015 年 12 月 10 日

（原载 2015 年 12 月 20 日《澎湃新闻·私家历史》，作者为北京大学历史学系教授）

润物细无声
——纪念田余庆老师

滕昭宗

与田师相识相知，足有六十年。从我一九五五年考入北京大学历史系开始，就不曾间断过。田先生的影响，可说深入到我思想的各个部分、一生的各个时段。这种影响是天然的、自发的，并不是刻意追求，也不是任何外力推动。不管我走到哪里，无论遇到什么情况，酸甜苦辣，喜怒哀乐，逆境顺境，都能想到田先生。这是什么原因，一两句话是说不清楚的。很可能就是因为他研究学问的严肃认真态度感动了我。田师说他对学生确实有特殊的感情，对于这点，我有深切的感受。他关心后进，爱护后学，只要他力所能及，无所保留。我对他的崇敬，学术成果是主要方面，思想方面、生活方面也是我所佩服的。因为我对他的书读得细，指出的错漏问题较多，所以他很愿意与我交流，有时写信、电话交谈也很多。他并不摆权威名家的架子，从九十年代以后，称我为兄弟，有时称兄，有时称弟，愿与我做知心朋友，我成了他联系交流最多的人之一，感到无比的幸运。

我 1955 年下学期以高中毕业生考进北京大学历史系。当时国家正在号召向科学进军，人心振奋，知识分子感到大有作为，意气风发，努力上进。报到的那天（地点好像在地学楼 101 教室），看到同班三十来名同学，人才济济，光彩夺目。北京大学的环境使人感到无比的新奇、激励，要夺取学术高峰的愿望油然而生。在北大众多的优越条件里，校园优美、馆藏图书丰富等尚在其次，最为突出的是师资条件，北大当时拥有最多的全国第一流的专家。历史系的教师队伍中，名流云集，为各界所瞩目。系里有教授、副教授头衔的约二十来人，一级教授翦伯赞、向达，二级教授张政烺、周一良、齐思和等，那时候田师三十岁左右，仅是讲师，但已被认为中流砥柱。

那时系里最重视基础课，中国古代史的基础课又分为各段：先秦史、秦汉史、魏晋南北朝史、隋唐五代史、宋史、元明清史。每段都由名流专家担任讲授，先秦史是张政烺先生，秦汉史和魏晋南北朝史两段皆由田师讲授，隋唐五代史是汪篯先生，宋史是邓广铭先生，元明清史是许大龄先生。张政烺、汪篯、邓广铭先生当时已是名家，而田师和许大龄先生当时仅是讲师，后来都成了名家。

因为田师担任秦汉和魏晋南北朝两段，至少这是一年两学期、每周三次课、每次两节课，所以我们都熟悉他的讲课特点。那时课前都能得到油印的讲义，规定课前要预习，一般是粗读一遍，有少数人可能也细读过。老师讲课时，一般不离开讲义，条理清楚，语言精练，学生认真笔记。复习时又要读讲义，又要读笔记。这是教学双方都要遵守的规范程序。可是田师讲课却有自己的特点。除了学生都能感到条理清楚以外，有时他要离开讲义，把当前史学界讨论的热门课题进行简要的介绍和评论，例如古代史分期问题、历史人物评价、土地制度等，旁及古代大史学家如司马光、钱大昕等的各种论述。这就造成不好记笔记，使部分学生感到云里雾里，因为事先没有准备，也听不懂，就必定记不下。有时为了要把准备好的内容讲完，掌握不好时间，不能准时下课，影响了休息。因而有部分同学认为他讲课不好，甚至有班干部冒冒失失跑去要求换讲课教师。这事当然就闹大了，这个班干部受到班上党支部的严厉批评。从这件事中，我们就知道田师当时就要求讲课要有学术水平，也就是后来他说的教学与科研相结合，以科研促教学。当时我们多数人认为他讲得好，我的同班同学沈元针对此事发表意见说："我们自己将来当了教授，田师那时将是教授的教授。"也曾听到汪篯先生说："田余庆在讲师中已是很不错的。"

当时有田师那样的讲课水平，是不容易的。记得一件事，六十年了至今不忘。系里有很多选题课，如：中国古文字学（唐兰先生）、甲骨学（胡厚宣先生）、中国法制史等。中国法制史是请的全国人民代表大会常务委员会法制委员会副主任李祖荫先生，中华人民共和国成立前他就是著名的法制史专家。选听法制史课的全系不足十人，我怀着追寻名家的心态也报名了。只知他讲的不过是介绍我国古代几部法治方面的文献和书，例如：《汉书·刑法志》《唐律疏议》《宋刑统》《元典章》之类。在中华人民共和国成立前绝对是高水平，但并无任何新的研究。以致在大跃进时，就有人贴大字报质问周一良先生："你知道李祖荫先生的法制史课讲了些什么？"我想责难周先生的原因，可能因他是主管教学的副系主任，也可能李先生是由他推荐引进的。从这件事，我们可以看到在北大历史系课讲得不好，是会有强烈反应的。那时候政治经济学、希腊罗马史反应最好，那是因为当时这两门课内容规范，研究成果也最多。而中国古代史各段，要用历史唯物主义的观点来讲，往往并无现成的观点可以借用，只有自己研究。而研究的水平各有差别，讲课的技巧各有不同。当时提倡教学改革，发动学生提意见。中国古代史各段，都有各种不同的反应，而对田师讲课的反应最好。

那时候每学期学校规定学生要完成一项课堂作业，可以是某个问题的笔记，也可以是某历史人物的年表，等等，由自己选题，把题目报给授课老师。记得沈元报的题目是汉武帝年表，我报的是当时学界讨论的热点"江南的田园别墅"。田师看了我报的题目以后，抬起头来看了我一眼，只说了两个字："干吧"！显然他对此有疑问，这问题太宽泛，资料太散，学界发表的论文和报纸的报导，一个普通大学生无法收集，也读不过来。但他也不便多说。后来因反右派斗争搞运动，大家都免了。

田师对学问的严谨态度及为人处事直率的性格特点，从下面这一事中最能清楚了解。大约是1958年，文史楼二楼楼梯的窗户下有田师亲笔写的一张大字报。内容是批评翦老坐着周总理亲批的部长级待遇的专车，到处开会做报告，结果耽误了读书，学问少有创新（大意如此，原话记不准确了）。这个意见相当尖锐，以致翦老有点苦恼。我曾听到系党总支书记批评说：田余庆不尊重翦老。再加上田师作为教员党支部书记，对文史楼北边空地上架设小高炉炼钢铁有不同意见。所以把他定为右倾机会主义，受了批判，撤了支部书记，但仍继续讲课（以上情况有的是风言风语零零碎碎听来的，并不完全准确）。从这件事中，我体会到田师对学问要求极严格，就是翦老那样大名声的史学家，他也要严格要求，并不怕冒犯尊长，而是直率地提出来。但田师对翦老是十分尊敬的，翦老对田师也是看重的。那时从我们那几届中国古代史专业的毕业生中，选三名作翦老秦汉史的研究生，我们那一届有邓经元同志，"文化大革命"以后他被任命为中华书局总经理、党组书记，主管中华书局全面工作。他曾经对我说，翦老并不亲自讲课，只是每学期与研究生谈一次话，并把田先生带着，说我很忙，不容易找，以后有问题就找田余庆。可见翦老对田先生是信任的。"文化大革命"以后这些年，田师多次撰文纪念翦老，我常听田师说要学习翦老研究学问有"两镜"，即望远镜和显微镜，望远镜宏观方面要看得远，显微镜微观方面要看得深、看得细。

那些年除了听田师讲课，这是教与学的关系，我们是抱着崇敬的心理，而没有别的任何私下的交流。后来，我被划了右派，虽说也跟班毕业了，但被分配到门头沟矿务局机电厂，实际上是发配劳动改造。1966年10月"文化大革命"开始，又被强制送回原籍四川省广安县农村管制劳动，一待就是十二年，从死亡堆里爬过来。1978年10月回北京，才又从头开始读书，才有机会与周一良师、田师联系。

1982年我到了连云港市博物馆工作，开始接触连云港地方史的一些问题。连云港的前身是汉代的朐县，而朐县属东海郡。东汉光武帝的太子刘强被废黜后，封东海王，封地是鲁郡和东海郡，但《续汉书·郡国志》无东海国，而有鲁国和东海郡，这与《续汉书》体例不符，我就这问题请教周一良师，周师则把此信转给田师。田师为回答这个小问题，很认真查阅了有关史籍，《金石萃编》收录的桓灵间有关孔庙诸碑及《廿五史补编》东汉诸补表，引用钱大昕与洪颐煊的不同说法。钱氏在《潜研堂金石文跋尾》说：《续汉书·郡国志》东海郡是东海国之讹。洪颐煊不同意钱氏之说，洪氏认为《郡国志》作鲁国、作东海郡均不误。田师对钱、洪二氏的说法，又提出疑问。根据各种碑文及范《书》各卷，亦见有东海傅、东海相，也有鲁傅、鲁相，说明文献及碑刻是很混乱的，历来说不清真相。所以他只能提出一个近乎猜想的推论。因为鲁是圣人之邦，东海国名不如鲁国国名响亮，加以东海王又以鲁为都，所以混用鲁国之称。虽说并未得到科学的结论，但田师对研究的认真严谨态度，令人吃惊、令人佩服。

关于田师研究学问所遵循的理论，这是学界极为关注的问题，也是我与田师曾经讨论过的问题。大约是在1989年《东晋门阀政治》

第一版出书以后，主要针对该书"后论"部分，我依据历史唯物主义、经济基础、上层建筑、阶级结构等理论，总结出几条，作为该书的理论框架或核心，记得有①东汉世家大族到魏晋士族到南北朝士族的发展史，②皇权政治——门阀政治——皇权政治的演变，③流民及流民帅在东晋一朝的历史作用。并写信询问他的看法，电话里田师并未对所询几条表示任何意见，感到他踌躇再三，明确说了四字，只是"实事求是"。1992年8月12日来信中，顺便说到理论问题："所谓理论，并非预先有多少考虑，而是一步步走来的自然结果，我自己也说不清。"这明确说明他并无任何学界通行理论作依据。国外所流行的各式各样的理论，并不是他不了解，凭田师的勤学和敏锐，西方的各种理论，特别是有关中国古代史方面的框架理论，一定在他的视野之内，但他并不轻易表示态度。例如日本学界关于中国中古的贵族政治理论，以及美国学者称中国中古政治为寡头政治，他认为都是套用西欧历史框架。他评论："关于贵族政治的论说，一般不曾以原始资料发掘入手，一步一步推敲，求其演进之迹，因而难于使历史上通下串，左右关联。"我从未见他批评别人用如此强烈的态度。他说所谓理论是一步步走来的自然结果，这才是科学的态度和方法，套用别人的理论框架都是不科学的，这也是研究工作中所遵循的最根本的方法，也很可能是他的著作受到学界重视的原因之一。

从他的各种著作中，以及我与他的交流中，我确实肯定地感到他是承认有理论的，但这个理论是什么，可能是他自创的，贯穿在他的著作的各个部分，不是用条条框框所能表达清楚的。他曾经用朱熹的话来说明这个道理，"朱熹认为做学问十之七八是实，剩下的十之二三是文，这个文是指导思想和见解，我们今天把这个称为思辨能力，理论功夫"。这很可能就是他的经验的总结，这个十之七八就是历史事实、历史事件，也就是史料。史料要硬史料，由于多种原因，史料所反映的史实，有真实的，有半真实的，也有虚假的，方方面面要分辨清楚，颇不容易。这就要考证的功夫，我认为乾嘉学者钱大昕、赵翼也没有田师那样的考证功力，他能把汉唐以来的所有资料直至"五四"以后所出现的重要成果，全部收罗，又加进现代科学的实证论。另外那十之二三则是根据理性思维，推论出结果，这要独立思考，不受陈说的影响，陈说只能作参考。依我看他在《拓跋史探》中，"文"的部分，也就是自己推理的部分，还绝不止十二三。他推理的依据是什么，并不是现今通行的任何理论，而是根据正常人的逻辑推理。他的独特的研究方法是：一层层剥笋，一环环解扣，走一步瞧一步，而不是先有基本立意。我感到他在追求自然科学例如物理学、生物学那样的精密度，对历史学来说，这是很难办到的，所以他对自己的著作总是要求永不停止地提高。

田师对他首创的理论框架或理论核心，是自信的，绝无虚构的成分，其中所论的主要支撑点也是可靠的。但在具体的论述，史实的考证，是否完全可靠、令人信服，他自己也存有疑问。田师多次向我表示，希望我写评论文章。他说，对他著作的书评不少，多溢美之词，有的人当面或用信函表达，亦无非溢美，能指出实质问题的并不多，不够味。他希望评论能提出硬东西，能指出著作中的错误或不足，书评要包括肯定什么、否定什么、待考什么。当然有新的问题能补充新的路子，或推翻他的结论，都欢迎。这说明他对自己的著作也不完全满意，总希望还要进一步提高和改进。他也多次向我谈到他已感到缺点和不足，苦于自己难于发现。所以他催促我写书评，要打破师生情面，我感到他不是一般说说客气谦逊，是真诚认真的。当时我也试着写过，拉过提纲，也开过头，但是我感到很难达到他的水平，实在无力把一门学问、几十种书、几百年的研究归纳起来,害怕评过了头,过高过低都是不妥,所以后来一个书评也没写好。

对于新发掘的资料与他首创的一些观点,他认为可能是一些小的突破口,可从此追踪深入研究。他年老体弱,心力不济,已无法扩展深广的研究,希望有年轻同志能继续工作。他认为历史学是不朽的事业,这不是某个史家个人所能完成的,他急盼出现新的接力人,这是个无尽头的事业。所以他经常鼓励我写文章,要把读书心得写出来。他认为我读书细,想法多,能发现书中的问题,这就是研究学问的最好的突破口。例如在读《东晋门阀政治》时,我发现北魏重臣刘芳就是投奔北魏的北府将徐州刺史刘该的孙子,刘该家族是彭城丛亭里士族,其门第可与琅邪王氏相比。他认为这个发现很有用,能说明淮河以北黄河以南这个黄淮中间地带的士族,与黄河以北淮河以南的士族政治态度有很大区别,黄淮中间地带的士族时南时北,往往以保护宗族利益为依归。这是南北分立时期的一个大课题,值得研究的题目很多。所以他首先带头写文章,这就是《南北对立时期彭城丛亭里刘氏》一文的缘起。他写好开头一小部分,因要去美国访问,就把文章的起草工作交给了我,并说写作进行中可自己做主,不要受到他的稿子的束缚。很明显,他是想把我带动起来,发挥我的积极性。他认为研究人员所处的地理环境,会有助于理解和思考。我现在所在的连云港市,正好在黄淮中间地带,对此地的问题更有兴趣,地理地形也熟悉得多,能够提供更多的思考。

我写乌桓莫那娄氏、乌桓渴朱浑氏、乌桓叱罗氏的考证文章时,曾经同时考虑过独孤部也是东胡族源的乌桓人,而不是匈奴屠各,这与学界历来的说法当然不同。我把此意告诉田师,田师要我写出考证文章,但因证据不足,难于得出结论,所以他并不同意我的看法。但在他的《拓跋史探》修订版中有所反映,190页新增下面一段话:

"也许早年独孤在进入并州匈奴北部之前本来就是乌桓，所以叛离并州后终于会与代北的乌桓结合，不过这只是一种假说，目前尚无资料可以证实。"这就是说，他认为可以提供一条新的思路，现有资料虽无法证实，但舍不得随手放弃，应该进一步研究。这可看出田师对史料的爱惜，但又持谨慎的态度，不落实则决不轻易使用。

田师对于历史科学的热爱，可以说到了献身的地步。有一次我问他最近睡眠如何，他说长期依靠安眠药，并说他心脏的毛病就是因为赶写某篇文章，夜里不能睡觉而造成的，这可见他的专注投入的程度。我始终认为田师是天才的学者，但是天才也要经过刻苦努力，才能取得卓越的成果。

田师是我受益最多的老师，我读书的态度、方法，很多都是从他那里学来的。他对我的希望大大高过了我的实际能力，很多工作没有达到让他满意的程度，所以辜负了田师，这对我来说很可能是终生的思想负担。也许正是因为有这种负担，我永远都会怀念、学习、感谢田师！

（原载2015年12月25日《文汇报·文汇学人》，作者为连云港博物馆馆员）

由小见大，见微知著
——田余庆先生治史成就给我的启迪

阎步克

2015 年到来之前，田余庆先生溘然长逝。亲友为之悲痛，同仁、学生和读者表达了深切哀思。一直到临终的前夜，年届九十的田先生仍保持着温厚含蓄的风度、清晰的思维和体察情感的能力。生理的老迈，未曾磨损其生命的品质与尊严。其史学成就和富有特色的治学风格，赢得了赞佩敬仰。当然学者术业各有专攻，对田先生的评价肯定见仁见智、取其所需；而读者口味各异，也将乐山乐水、各有所好。作为田先生的学生，此时只是就一己之所得，略述先生的成就对我个人研究教学的启迪。写作时仍带哀思，笔下难免感情色彩，希望没有溢美之辞，那不合于田先生一贯的谦逊淡泊。

《东晋门阀政治》（北京大学出版社 1989 年初版）一书，被视为田余庆先生的代表作。此书以魏晋南北朝的士族政治为研究对象。秦汉政治舞台上的主角，主要是功臣、外戚、宦官、儒生、文吏等。而至魏晋南北朝，中国政治史出现了一个重大变迁，一个被称为"士族门阀"的阶层崛起了。对这个阶层的政治权势、经济基础、文化特征，对其在汉唐间的兴衰，以往中国学者如陈寅恪、周一良、唐长孺等，以及日本、西方的相关学者，提供了各种论述。田先生的这部新著，又获得了较大推进。

《东晋门阀政治》的不少章节，都曾以单篇论文先行发表。在它们汇为一书后，其对中古门阀政治的观照，就更富整体感了。东晋江左几个侨姓大士族的沉浮兴衰，是考察的主线。晋元帝与琅邪王导的合作开创了东晋朝廷。"王与马，共天下"的谣谚，其背景就是士族与皇权的分享政权。继琅邪王氏之后，颍川庾氏、谯国桓氏、陈郡谢氏等家族的头面人物，也都在不同程度上先后与司马氏皇权分享政权。门阀与皇权"共天下"，是东晋最基本的政治特征。

按，传统的士族研究中曾流行"婚宦"模式，由婚姻制度或选官制度切入。前一个是社会史的，探讨封闭的通婚圈如何维系了士族高贵身份；后一个是制度史的，探讨选官特权怎样保证了士族对高级官职的独占。《东晋门阀政治》则在通婚、仕宦之外，从动态的政治斗争中，揭示了门阀是如何凭借其政治军事实力，具体说是对主力军队和军事重镇的控制，而得以与皇权平起平坐，甚至超越皇权的。军政实权是"门阀政治"的基本条件，"士族专兵"是东晋政治的重头戏。故军权与要藩的历次争夺，得到了浓墨重彩的阐述。

田先生又用了很大篇幅考察流民武装。仅凭文化士族不足以支撑政权。北方士民在南迁中形成了流民武装，江左朝廷加以吸纳，让他们承担江北防务，用作抵御胡人的军事屏障。如京口重镇的北府兵和襄阳重镇之兵，皆是。田先生指出，东晋一朝政争，往往跟流民武装、流民帅相关。东晋政治的基本特点，被概括为"皇帝垂拱，门阀当权，流民出力"，流民武装问题，由此就与门阀政治内在地联系在一起了。而且流民武装后来又成了门阀政治的终结者。由北府兵将领起家的次等士族刘裕，凭武力、军功攘夺皇位，不仅终结了司马氏统治，也终结了门阀政治。正如胡宝国的评述："找到了流民帅，才终于找到了东晋通往南朝的历史之门。"（胡宝国：《我读〈东晋门阀政治〉》）以往学界对北府兵的讨论，大多不出军事、战争本身；而田先生拓宽视野，视之为门阀政治的必要组成部分，后来又成了门阀政治的异化因素。这是一个重大创获。

面对纷纭史料，田先生展示了其考索、辨析与剪裁、提炼的卓越能力。例如全书以"王与马，共天下"一句谣谚始，通过西晋末东海王司马越与琅邪王衍的结合，进及东晋初琅邪王司马睿与琅邪王导的结合，由此打通了两晋间皇权与门阀的合作过程。其笔法兼精微、恢弘之致，谋篇布局匠心独具。由"王与马，共天下"一语破题，这让人不禁联想到陈寅恪，由《梁书》"江陵素畏襄阳人"一语，而引申出了"上层士族"与"次等士族"的精彩讨论（见陈寅恪：《论东晋王导之功业》）。记得一位研究生曾感叹，陈寅恪、田余庆，都能从一句话发挥出一段大文章。二例有异曲同工之妙。魏晋南北朝的史料远不如后世丰富，这个局限性，反而促使人们努力发掘史料意义，名家由此展示了其出色的思辨。甚至神异传奇亦可证史，只要善加利用，巧妙阐释。田先生论东晋初年东海王冲之封，引《搜神记》"牛生子，二首一身，天下将分之象"之谶，其评述是"颇疑时人观察形势……托物妖以为警诫"。这个分析入情入理。又论晋末高雅之，又利用《搜神后记》故事为旁证："此则故事虽似小说家言，但是去其伪而存其真，颇可以补史籍之不足。"不禁又联想到唐长孺了，唐先生曾用陆机（或陆云）路遇王弼之鬼的"鬼话"，以证"二陆在入洛之前……为了适应京洛谈玄之风可能加以学习"（见唐长孺：《读〈抱朴子〉推论南北学风的异同》）。宛如名医手下，牛溲马渤皆可入药。

《东晋门阀政治》采用的是经典的政治史方法，即围绕人物、集团、事件等等而切入展开。这样的方法，在传统史学中已有丰富积累。然而在人文领域中，传统方法并不因现代化而丧失价值，正如使用毛笔的传统书画艺术，不会因电脑的普及而丧失价值一样。

而且田先生的论述中又灌注了现代史学意识。此书不同于家族研究，其中贯穿了一条鲜明的主线：其与皇权的关系。记得我写察举制的毕业论文时，打算写皇权兴衰与察举盛衰的关系，田先生表示赞成，说"就是要抓住'皇权'这个核心问题"。家族、集团的具体考察，由此升华为一个结构性、体制性的问题。即就政治学而言，政治集团的结构也是政体要素之一。在孟德斯鸠的政体理论中，判断"专制"与否，其标准有二：第一是政治制度的结构，例如是否存在三权分立；第二就是政治集团的结构，如果存在强大的"中间阶层"，如贵族、教会等，君主就难以专制。士族门阀，便是一种销蚀皇权的势力，与皇权存在着此消彼长的关系。田先生用"门阀政治"概念，特指"门阀与皇权的共治"。在他看来，东晋的门阀政治，只是"一种在特定条件下出现的皇权政治的变态。它的存在是暂时的；它来自皇权政治，又逐步地回归于皇权政治"。在这样的阐述中，不但中古时期的皇权传统变得更鲜明、更浓重了，而且向人们展示了一个"变态—回归"的历史观照。这个"变态—回归"的史观，可以为魏晋南北朝史的解释拓展出新的空间。

二十世纪采用"五种生产方式"理论的学者中，郭沫若等，把战国至清两千年，视为地主阶级所支配的"封建社会"，"魏晋封建"论者则认为秦汉是奴隶社会，封建社会始于魏晋。但两者都把魏晋南北朝看作是"士族地主阶级"支配的时代。这种认识可以说是"经济史观"的。日本学者内藤湖南、宫崎市定等，则把中国史分为古代、中世、近世三大阶段。"中世"即六朝，这是一个"贵族政治"的时代。贵族政治据称终结于唐宋之间，此时由"唐宋变革"而进入近世。这个"三段论"的分期，系比照西欧史的古代、中世纪和近代三阶段而来。无论用"五种生产方式"解释中国史，以及用"三段论"解释中国史，都在相当程度上借鉴、比照了西欧的历史经历。

除此之外，在二十世纪初，中国现代史学的开创者梁启超，在其名作《中国专制政治进化史论》中，把秦以下两千年都断定为专制集权时代。那么如何看待六朝呢？梁氏的看法，首先是"惟六朝时代，颇有贵族阶级"，然而"六朝时代，可谓之有贵族，而不可谓之有贵族政治。其于专制政体之进化，毫无损也"。这个看法，既不同于"经济史观"，尤其不同于"六朝贵族论"。梁启超的"专制政治论"，运用了现代政体理论，又立足于本土史书史料，而非以西欧史剪裁中国史。田先生的视线聚焦于政治体制，把门阀政治看成是皇权政治的"变态"，与梁氏的看法，一百年间遥相辉映，又大大前进了一步。

近年学者对"唐宋变革论"有不少讨论，但六朝的问题往往被忽略了：如果六朝不能认定为"贵族政治"，那么唐宋间的政治变迁幅度，就没有"唐宋变革论"所夸张的那么大，并没有大到体制根本性转型的程度，"唐宋变革论"的一个主要论点，即唐宋间君主独裁取代了贵族政治，这个比照欧洲近代史而来的论点，就大可怀疑了。

对国外的各种"六朝贵族制"论者，《东晋门阀政治》只说了一句他们"一般不太重视中国古代久已形成的皇权政治传统这一历史背景"，虽申明异议，但不做详论。2013年初，田先生在接受访谈时，被正面问以这样的问题：

最近一些魏晋史学者在一些场合谈到，日本的中国六朝史研究的核心思想是贵族制理论，而中国学术界在实证研究与理论总结两个层面做出的唯一回应，迄今为止只有《东晋门阀政治》。从这个意义上说，《东晋门阀政治》是中国魏晋史学界在重大理论问题上与日本学术传统的一次对话。可是，仅仅从字面上看，《东晋门阀政治》一书并没有提到贵族制问题，也没有摆出理论探讨的姿态，因此史学界对此书与日本学术传统对话的性质似乎理解不足。请问这一描述是否准确？您强调门阀政治是汉唐皇权政治之间的一个变态，一个短暂的插曲，而且本质上并不是对皇权政治的否定，显然是为了回应贵族制社会的学说。您对东晋政治的分析，是不是基于这种对汉唐社会与政治的连续性的理解呢？如果魏晋以降的社会与政治并没有真正偏离皇权政治传统，那么，是不是说，汉晋之际的变局，尚不足以使中国社会走向一个新方向？甚至可以说，皇权政治与制度仍然富有生机？

田先生的回答是：

我觉得迄今所知国外学者关于贵族政治的论说……用中国古史套用西欧历史框架，因而难于使历史上通下串，左右关联。……千百年相沿的专制皇权思想和制度可能更换表现形式，却会在不同的外壳下继续存在，或者是继续被利用。把皇权这个因素过度淡化，看重几家门阀、几个人物在舞台上的活动，而抹煞其与皇权的互动，抹煞其假皇权以行事的实际，这样就出现了中西无别的所谓贵族政治。……中国古史中始终是皇权至上，皇权专制制度是运转历史的枢纽。尽管朝代变了，制度的外观有异，甚至后来皇帝居位制度也被推倒了，但皇权统治思想和某些机制实际上是保存在社会躯体的骨髓里面，可以说形成历史的遗传基因。（钟鑫整理：《田余庆谈门阀政治与皇权》，《东方早报·上海书评》2013年1月6日）

从世界史的范围看，数千年中国史进程的连续性，是举世无双、无与伦比的。甚至帝制终结之后，皇权思想和集权体制依然长期保存在社会的骨髓里面。近代之初的历史剧变，一度催生了纷繁多样的未来愿景。而二十一世纪以来集权体制的历史走向，却令人们产生了新的观感，比如："我们最可能拥有的就是历史和文化中曾经有过的，最不可能拥有的就是历史和文化中没有过的。"（李银河：

《中国政治改革的前提、目标和可能性》）中国会变，而且在变，但它有自己的历史逻辑，源于自己的"历史的遗传基因"。"中国古史中始终是皇权至上，皇权专制制度是运转历史的枢纽"，那么在经济史观、文化史观之外，"制度史观"再度显示了对于中国史的重大认知价值，进而为"变态—回归"模式，进而为认识其历史连续性，提供了一种基本思想方法：中国政治体制不是静态的，也不是直线发展的，它经常上下波动、左右摇摆，出现各种"变态"，甚至升级转型。然而那些波动与摇摆，又不断地趋向于一条"中轴线"，包括专制皇权、中央集权、官僚政治、儒家意识形态等等。不妨说这条"中轴线"就是"常态"。

面对魏晋南北朝这个特殊时代，人们往往聚焦于它的特殊性，政治的、经济的、文化的、民族的，等等。汉唐间的连续性，有时就被忽略了。"变态—回归"的解释模式，则将这样提出问题：

一、"变态"原因是什么？

二、"变态"的幅度有多大？

三、"回归"的动力是什么？

在此书的《后论》中，田先生做出了推论：严格意义上的门阀政治只存在于江左的东晋时期，前此的孙吴不是，后此的南朝也不是；至于北方，并没有出现过门阀政治。而东晋门阀政治格局的形成条件，是由于"一个成熟的有力量有影响的社会阶层即士族的存在"，"一个丧失了权威但尚余一定号召力的皇统的存在"，以及"民族矛盾十分尖锐"的外部原因。这三个条件中任意一个的变化，都会导致江左门阀政治的相应变化。

对第一个条件，即汉晋间士族已发展为一个有力量有影响的存在，本书的《后论》部分提供了多方面的评述。在概述中，有一节对"由儒入玄"现象的阐述，颇可注意：几家大门阀在崛起过程中，其家族学术,都曾经历了由儒学转向玄学的历程。"两晋时期,儒学家族如果不入玄风,就产生不了为世所知的名士,从而也不能继续维持其尊显的士族地位。"这个论断是发人深思的:一个阶层的兴起,竟然与一种新兴哲学思潮"玄学"息息相关。

而门阀政治的终结者是军人阶层,是北府兵,是流民帅与流民武装。那么我们来看,门阀形成中发生过"由儒入玄",门阀衰落则来自军人的推动,"文""武"因素相映成趣,发人深思。罗素曾指出:"战争对于王权的加强一定起过很大的作用,因为战争显然需要统一的指挥。"梁启超论中国专制进化史:"专制权稍薄弱,则有分裂,有分裂则有力征,有力征则有兼并,兼并多一次,则专制权高一度,愈积愈进。"李开元也曾指出,中国王朝的来源是"马上天下",政治权力和政权机构起源于战争和军事。王朝衰败,以崩溃、战乱告终;此后则通过军人群体、军事活动与军事编制恢复了秩序,迎来了一个更强悍的皇权。然而在此之后,又将逐渐地回归于文官政治,回归于"士大夫政治"。这是否可以视为一个周期性现象呢?

第二个条件,即一度低落但依然存在的皇统——还应加上秦汉所留下来的集权行政体制的因素——预示着未来皇权的复兴可能。进入南朝,皇权复兴的可能性现实化了,门阀政治终结。

第三个条件,即"民族矛盾十分尖锐",意味着门阀政治的出现,外因也起了举足轻重的作用。我的理解是:在魏晋南北朝时,假若没有外部少数民族的冲击,华夏政权按照其自身逻辑前行,则秦汉集权体制的那些基本特征,将在更大程度上维持下来。换言之,假设不存在外部民族矛盾,门阀政治就不是必然现象。

而且"民族矛盾"的历史影响也是因时而异的。在全书收束之处,田先生又提出:"从宏观来看东晋南朝和十六国北朝全部历史运动的总体，其主流毕竟在北而不在南。"这个论断，不妨称之为"北朝主流论"。虽仅一语而已，但仍来自数十年在魏晋南北朝领域的治史体察。异族的外部冲击促成了东晋门阀政治，但历史又是在北朝走向隋唐的。由此给后学留下了又一个问题：为何北朝成为南北朝的政治主流，成为通向隋唐帝国的历史出口呢？在南朝是北府军人、"次等士族"终结了门阀政治，北朝则是鲜卑军功贵族构成政权主体，他们振作皇权的动量，比南朝的次等士族更大。进而，历次北方少数民族入主强化了集权专制这个重大问题，也就可以纳入视野了。

总的说来，《东晋门阀政治》包含着若干结构性、系统化的历史思考，由之可以引申出一系列重大理论问题，其优点并不仅仅是传统史学方法的娴熟运用。这是我个人的阅读心得。田先生通过各集团与皇权的关系变迁，细腻勾画出了一条"变态—回归"的轨迹。在田先生的启发之下，我尝试在政治制度的变迁方面，继续证成这种"变态—回归"。除了我个人的一得之见，读者还可以在专业书评中，看到对《东晋门阀政治》更全面的评述。如："它是田先生多方面造诣的结晶，标志了魏晋南北朝史研究所达到的新的深度和高度"（陈苏镇：《东晋门阀史研究的新成就——读〈东晋门阀政治〉》，《史学史研究》1989年第4期）；"标志着国内对门阀政治的研究朝着系统化、理论化的方向迈进"（《〈东晋门阀政治〉介评》，《中国史研究动态》1990年第2期）；"本书超越以往以婚宦论士族的方式，从动态发展的角度，以细密的考证、精辟的见解为士族研究另开新局，是近年士族研究中难得一见的好书"，是理论创造和细致考订"两者有机结合的一个典范"（祝总斌：《评田余庆著〈东晋门阀政治〉》，《历史研究》1993年第1期）。台湾学者刘增贵有《田余庆著〈东晋门阀政治〉》予以好评（《新史学》

第 1 卷第 2 期，1990 年 6 月，台北）。日本的学术期刊《东方》，以《划时期的东晋政治史研究》（1992 年 10 月，第 139 号，作者川合安）为题，对此书作了介绍。

《秦汉魏晋史探微》（中华书局，1993 年初版）一书，汇集了田先生在 1979 年至 1989 年间的另外一批论文，共十九篇。这些论文涉及了秦汉魏晋史上的一些重大问题，提出了个人的新见解。《说张楚——关于"亡秦必楚"问题的探讨》一文，由秦汉之际的楚地反秦事件进行了深入分析，进而通过了秦政权、陈胜政权与汉政权之间关系，展示此期的政治发展的宏观趋势。《论轮台诏》一文，考证汉武帝由帝国扩张政策向"守文"政策的转变，以卫太子为首的"守文"势力与另一派用法兴功势力的矛盾，是其中心线索，尤有新意。《秦汉魏晋南北朝人身依附关系的发展》一文，得出了如下推论："在人身依附关系开始出现的阶段，专制政权的干预所导致的依附关系发展的迟缓，也是影响中国封建社会的长期性的诸多原因之一。"这是一个涉及了古代社会性质以及历史分期的论断，其中对专制政治与经济依附关系的分析，可与"门阀政治是皇权政治的变态"之论点相呼应。《汉魏之际的青徐豪霸》《曹袁斗争与世家大族》等文，揭示了曹氏政权的草创期，与世家大族、黄巾余部、地方豪强等政治势力的错综复杂的矛盾斗争。《〈隆中对〉再认识》《李严兴废与诸葛用人》《蜀史四题》等考察蜀国政治史，对千古闻名的《隆中对》的战略思想的根据、来源和可行性重新评析，指出诸葛亮"跨有荆、益"的战略缺乏可行性；通过大臣李严的兴废，展示了诸葛亮用人政策之实质，即如何处理刘备荆楚势力、刘璋势力和本土势力几个集团的关系。这个着眼点，显然高于"知人善任""赏罚分明"的泛泛之论。以往孙吴史的研究者，大抵把这个政权视为孙氏集团与江东大族的结合产物，而此书所收的《孙吴建国的道路》《暨艳案及相关问题——再论孙吴政权的江东化》等文,则揭示了孙氏的淮泗集团与江东大族还曾有过尖锐对立、相互敌视的阶段,两个势力的最终合作,乃形势所迫,并非自初如此。

田先生把视线转向北朝,转向拓跋族建立的北魏政权,并陆续发表论文,是在二十世纪九十年代中期。相关论文,汇总为《拓跋史探》一书(三联书店,2003年初版)。这时候田先生已值耄耋,竟能完成一部考索之作,殊属难能。北魏史的研究,汉化、改制、均田、士族、六镇起义等向为热点,研究者众多。但拓跋史的研究,尤其是拓跋族由部落向国家政权发展的早期历程,则因资料奇缺,相关研究相对薄弱。就是在这个资料奇缺之处,田先生又有新论。

田先生从一个具体细节,也就是"子贵母死"制度开始,由此牵引出了一系列论题,如"离散部落"等问题——它们都围绕这一主题:拓跋集团由草原部落联盟向中央集权专制国家过渡时,拓跋族面对着什么问题、如何解决那些问题——进而发掘草原部落向国家转化时的规律性现象。

对北魏"子贵母死"制度——或称"立子杀母",以往讨论不算太少,但并不是都注意到了这样一点:拓跋早期史上存在着若干强势的母后。道武帝的母后出自贺兰部,道武帝之后出自独孤部。拓跋族与其姻族组成了部落联盟,来自贺兰部、独孤部的母后与妻后,可以支持其领袖地位,而要建立集权体制,向君主专制发展,就要剥夺母后、母族干预拓跋事务,特别是干预君位继承的权势。道武帝赐独孤部刘贵人死,目的是抑制"外家为乱"。这就是"子贵母死"之制的实质和渊源。这是从部落联盟到国家的特定阶段的特殊问题。

在北魏国家形成过程中,道武帝还有过"离散部落"之举。学界的一个通行思路,就是从"分土定居"来认识"离散部落",认为其目的是打破氏族纽带,把部众纳入行政编制,制造编户齐民。本书则指出,"离散部落"与"子贵母死"二者背景相同,因为除了窟咄之外,离散对象几乎都是拓跋族的外家部族,如道武帝的妻族独孤刘氏诸部、母族贺兰贺氏诸部、祖母族慕容诸部。"子贵母死"是为避免后族干政的论断,就因"离散部落"的考察而强化了。田先生还把更多现象,例如乌桓族的"怒则杀父兄,而终不害其母,以母有族类,父兄则无相仇报故也"的风俗、史官记述早期拓跋史迹时的直笔与曲笔纠葛、北魏中后期的母后专权等问题等,跟"子贵母死"联系起来了。

《东晋门阀政治》的政治史方法,即考察集团、事件、人物的方法,被继续用于北朝民族史上来了。一如对东晋门阀家族的研究,最终归结到"门阀政治"上来,《拓跋史探》的民族政治史研究,也指向了某些结构性的问题。具体说来,就是在草原部落向国家进化的历程中,一族与其他部族的姻戚、结盟、共生等关系,对国家形成过程的各种影响。甚至在国家、王权诞生后,这种影响还可能以各种形式表现出来。中国国家起源研究,一向是先秦史的热点之一。近几十年有先秦研究者提出,中国学者一度以阶级斗争解释国家起源,然而夏商周的国家形成过程中,看不到激烈的阶级斗争,反而是各部族间的联盟、对抗与征服分外活跃。面对中国北方草原民族,人们看到这里存在着探讨国家演生规律的又一个空间。《拓跋史探》的方法与结论,为研究跨入国家门槛时的相关各部族的政治关系,提供了一种富有创意的范式,可以激发很多联想。

由一个"子贵母死"的历史细节而顺藤摸瓜,这种治学之法和写作笔法给人的观感,也如《东晋门阀政治》给人的观感一样,即由"王与马,共天下"一句谣谚而牵出一系列重大问题。"风生于地,起于青萍之末",由小见大,由微知著,这是田先生的典型风格。他经常以"读书得间"教导我们学生,即读书治学,首先要在字里行间细细玩味,发现微妙线索,然后努力将之深化、拓展、升华,而不是预定纲目,照章填充。故田先生的文章,罕见浮辞空论,以精炼见长。很多重要论断,篇幅都不长,甚至寥寥数语;引证史料亦极简洁,只截取其最关键部分。是所谓"牖中窥日""得其英华",暗合着魏晋史学的简约崇尚。

《拓跋史探》的相关书评认为,"作者从他独特的思考角度出发,终于把本来属于皇室内部的子贵母死制度与看似毫不相干的离散部落问题结合了起来,两个问题的结合真可谓互相发明,相得益彰"(胡宝国:《在题无剩义之处追索——读〈拓跋史探〉》,《读书》2004年第6期);《拓跋史探》"通过细密的思考捕捉到看似孤立的历史现象间的密切联系,发掘出影响拓跋百年历史进程的重要线索","为深入认识北魏早期历史,乃至整个北魏史开辟了新的途径"(侯旭东:《田余庆著〈拓跋史探〉评介》,《中国学术》2005年第1辑);是一部"提出了许多问题的著述",展示了洞察力和举重若轻化繁为简的提炼能力(楼劲:《探讨拓跋早期历史的基本线索——田余庆先生〈拓跋史探〉一书读后》,《中国史研究》2005年第2期)。

田先生的学生罗新教授还评论说,由于是老年写作,《拓跋史探》在选题、分析和文字上未能超越《东晋门阀政治》,然而也凝聚着深刻的时代体验和历史反思。而且"与《东晋门阀政治》的乐观昂扬不同,《拓跋史探》浸透了对未来的疑虑和对往昔岁月的感伤。前者表达了二十世纪八十年代知识人的热情与希望,后者则源于乐观情绪被打消之后的沉郁深思"(罗新:《推荐〈拓跋史探〉》,《南方周末》2008年7月6日)。虽然田先生的绝大多数文字都是客观的学术研讨,但作为国人而论国史,有时也会以寥寥数语,如罗新教授所云，流露出历史反思时的时代感受。

在《东晋门阀政治》的结尾之处，看到的是这样的论述：

> 不论在北方或在南方出现的这些事情，都不过是历史的表面现象。历史运动中的胜利者，不是这一胡族或那一胡族，也不是江左的门阀士族或次等士族。历史运动过程完结，它们也统统从历史上消失了。留下来的真正有价值的历史遗产，是江南的土地开发和文化创造，是北方的民族进步和民族融合。这些才是人民的业绩和历史的核心。

二十世纪八十年代正值"文化大革命"结束不久，中国学人庆幸度过了时代曲折，对未来抱有热望。田先生的上述论述，也展现了对"历史终将克服曲折"的乐观信心。二十世纪九十年代开始写作的拓跋史诸文，则不相同了。对拓跋史上那些违背天伦人性的逼母杀妻、"子贵母死"做法，田先生多次使用"残酷""野蛮"之辞，并怀着"文明孕育于野蛮"的苍凉之感，表达了这样的沉重祈望：

> 在野蛮孕育文明的人类进化过程中，当一个部族、一个社会群体走完了进化过程的某一阶段而高奏凯歌之时，它们在精神上还可能承受沉重的负担，隐藏着由于他们的残酷行为而留下的心灵痛楚。我们为拓跋的历史感到沉重，为乌桓的历史感到沉重，也为人类历史包括我们亲历的历史感到沉重，而祈求历史的进步。

数十年来风雨波荡，田先生的所感所思，有时就会以微妙的方式，体现在古史论述之中了。如《论轮台诏》一文，评述汉王朝的政争几乎都伴以屠杀，汉武帝用屠杀为政策转变开辟道路；《暨艳案及相关问题》一文，评述孙吴培植受益阶层以充实统治机构，其时选官鱼龙混杂，而主事者暨艳不识时务、不容忍腐败，故结局悲惨。

像这样的细微之处，在长篇历史考索中虽然只是偶出数语，读来却有会心之感。附带说，田先生跟学生们的日常闲谈中，也常涉及时政，在对政治民主和学术自由的追求上，师生的信念是共同的。

我在读硕士研究生时开始师从田先生。因时代原因，起点太低；又因性格原因，天马行空的空想太多。回想起来，专业上入门甚晚，只是在田先生的门下长期耳濡目染，才稍知门径。曾为《拓跋史探》一书的日译本写过一篇《田余庆先生的介绍》，今就中文原稿修改扩充，以成此文。为田先生的逝世拟了一首挽联，附记于此：

郁郁乎文，析汉晋拓跋，穷微阐奥，著文足以不朽；

岩岩其志，宁有恨无悔，播火传薪，遗志是当长遵。

（原载2015年1月10日《澎湃新闻·翻书党》，作者为北京大学历史学系暨中国古代史研究中心教授）

精致而美：学术的高远境地
——怀念恩师田余庆先生

李开元

得到先生去世的消息，哀伤而又平静。那种感怀，仿佛在大漠驿站眺望夕阳西下，光渐远，影渐长，沉落的余晖，完结得美丽自然。网上有一张先生杖行过桥的背影照，说是先生的喜爱，辞别在潇洒间。

此时此地，在我心中，先生还在，他去了另一个世界，他等待我的来访，要与我继续交谈。

每年回国，都去看望先生，谈天说地，叙古论今。如今我想，如果再去拜望，大概还和从前一样，依然是谈学术、说人生、叙行旅。人生若旅，说来话长，诸多事情，人还在事未了，看不明说不清，还得悄声存疑。

先生的学术，精致幽深。先生行文布局考究，文辞洗练精美，有一种难得的历史学之美，我曾经概括为精致的艺术性史学。先生史学之另一个特点是高瞻远瞩，能够从细微而不为人所察觉处钩沉出史实间的隐秘关系，进而刻画出贴切深邃的时代精神来，这是史家治史的至难和极致，由此而现的先生之史学，是一种基于科学精神的人文史学。先生的史学论文，索隐钩沉考证，夹叙夹议叙事，绝无庞杂的臃注，只有精当的选文，那种起伏跌宕的说理推论，娓娓道来的解释叙述，不但可以作史学论文研读，也可以作文学作品品读。

田余庆学记

先生治学，善于捕捉史实间微妙关系

2012年8月，我去拜望先生，请先生自选五篇代表作。其中，《说张楚》《论轮台诏》《释"王与马共天下"》《〈代歌〉、〈代记〉和北魏国史》，都在预想中，唯独一篇《门阀政治的终场与太原王氏》，出乎我的意外，留下再拜读深思的课题。五篇代表作中，《说张楚》《论轮台诏》两篇，是秦汉政治史研究中的扛鼎之作。在《说张楚》一文中，先生独辟蹊径，着眼于长沙马王堆汉墓的历史遗留，从出土历书上的张楚年号入手，究明西汉初年陈胜张楚法统的存在，进而钩沉考证，再现秦汉间被抹消的楚国与楚人，又索隐推断，连接战国，指出秦楚汉间的历史特点，是战国末年以秦楚关系为主的列国关系的重演和发展。这篇论文，改变了汉帝国直接继承统一的秦帝国的历史认识模式，提示了秦末汉初近百年间的历史，曲折地继承了战国末年，是一个后战国时代。这种认识，复活了一个被遗忘的时代，开拓了一个历史认识的新方向，影响了一代学人。

秦皇汉武，是中国历史上两位异常的皇帝。前半生励精图治，开疆拓土，一统天下，建功立业，开创了历史的新时代，堪称雄主；到了晚年，穷奢极欲，求仙信鬼，严刑峻法，扰民乱国，将国家置于内外交困的毁灭边缘，可谓王朝衰亡的祸根。吊诡的是，秦始皇一死，天下大乱，一时强盛无比的秦帝国，二世而亡；汉武帝死去，汉帝国却迎来了昭宣中兴，又延续了一百多年。前因类似，后果却不同，千百年来让历史学家困惑不已。先生撰写《论轮台诏》一文，就是为了破解这个历史之谜。《轮台诏》，是汉武帝临死前二年颁布的一道诏书，在这份诏书中，汉武帝悔恨兴事扰民的既往所为，停止开边用兵，宣布"禁苛暴，止擅赋，立本农"，鲜明地提出要与民休息，养民富民，做了重大的政策调整。《轮台诏》，被史家称为"哀痛之诏","仁圣之所悔"。

田先生以善于捕捉史实间微妙关系的独特眼光,将《轮台诏》所代表的政策转变与昭宣中兴的出现连接起来,提出武帝晚年的汉帝国之所以能够避免秦二世而亡的覆辙,渡过亡国的危机,中兴后延续一百余年,原因正是在于武帝死前的这场政策转变。

汉武帝的晚年,施政严酷操切,生活荒唐错乱。对内横征暴敛,严刑滥杀;对外扩张无度,兵败将降,国家财政濒临破产,统治机构面临崩溃,可谓是险象丛生。征和年间,发生"巫蛊之乱",受诬不安的皇太子与久病无常的老皇帝间,在首都长安爆发大规模内战。结果是皇太子及大批大臣被诛杀,数万长安市民血流成河,政局一片血雨腥风。

司马迁死于武帝晚年,来不及记叙这段历史。一百多年以后,班固将这段历史写入《汉书》,分散在本纪列传中,头绪纷繁。班固家族是汉朝的外戚,对皇室内的色衰宠变格外敏感。班氏家族出身于楚国,班固思想又极为正统,他对秦始皇极尽攻击之能事,对汉武帝则回避含糊其祸过,无力也不能将这一段历史清理出合理的脉络来。千百年来,治史者读到这一段历史,一方面为灾难震动,感觉到背后有着"看不见的手",一方面又如坠云山雾海,看不清历史的方位运转。到了北宋,《通鉴》重新整理这一段历史,以高人一筹的史识,把许多看来孤立分散的问题集中在一起,探索其间的关系,提示了将"巫蛊之乱"与汉武帝的政策转换联系起来的脉络和方向,堪称卓见。先生在《论轮台诏》中阐述巫蛊之乱的政治意义,正是基于《通鉴》卓见的延伸和发展。先生以为,历史人物之理性与非理性不时重叠,政治人物之亲情与政情随时交错,先生由此出发,在汉武帝与皇太子的复杂而微妙的关系中探寻政策转换的过程和时点,大大地推进了《通鉴》的提示,可谓是站在巨人肩上的进一步展望。

先生著文,对于史料之选用谨慎而精细。《通鉴》叙巫蛊之乱,使用了《史记》《汉书》以外的史料,先生查不到出处,信其有而有所不安。最近,有学者考证这些史料可能出于《汉武故事》,先生的不安庶几可以尘埃落定。至少自司马迁以来,用历史故事作史料编撰史书,已经成为中国史学的一种传统。新的发掘和研究表明,战国秦汉以来,大量的历史故事广为流传,成为一种公用的资料库,外交家用其作为游说的谈资,思想家用其作为论说的插话,历史学家则用其作为编撰史书的材料。这些历史故事,年代不清,真假混杂,又掺杂变形夸张,改写创作,作为史料来使用的时候需要作编年的排比和真伪虚实的鉴别,最是考验史家的见识能力。

《汉武故事》,是魏晋时期编撰的历史故事集,其中既有非常可靠的历史记录,也有荒诞无稽的杜撰故事。《通鉴》编写巫蛊之乱的历史,选取了《汉武故事》中严肃而关系政局的言谈故事以连接和丰富历史,正是《通鉴》的主编司马光和该部分的撰写者刘攽的高明得体之处。《通鉴》是历史叙事,寓理于事。田先生分析这一段历史,剥茧抽丝,力图在经过《通鉴》整理的史事后面清理出历史运转的脉络,二者是红花绿叶,相得益彰。重温《通鉴》,再读《论轮台诏》之下,钦佩钦佩,顿首顿首,更感先学留下的宏大空间,尚待开拓。

主治政治史,关切点始终在皇权

先生之学术,多从宏观大局着眼,从微观细处入手,结论在史实关系间的中观层面。我曾经当面将先生的史学,称为中观史学的精品。先生自谦说,太大的题目,我把握不住。然而,通观先生之论著,自有其宏观大局的眼点。先生主治政治史,其一以贯之的关注点，在于皇权。

从秦始皇统一中国建立秦帝国以来，皇权官僚集权体制，成为两千年来中国历史的基本特色，左右中国社会的最强要素，此外的经济、文化、民族、外交，乃至于家族、家庭和个人的生存演变，都不得不从属之。在这个体制中，皇权、官僚制和权力之集中分散，乃是三项基本的构成要素。这三个要素，随时代变迁而有不同的变形变态，这三个要素，互相关联、制衡、演变、分合、重组，以稳定连续的结构主导中华帝国两千年王朝循环的大历史。

在这个体制中，皇权有种种变形。简略言之，秦始皇开创了皇权，从一开始就将皇权推到了集权的极端，建立起一人独天下的绝对皇权，成为秦帝国二世而亡的最重要原因。刘邦建立汉帝国，惩秦之弊，建立与功臣将士共天下的有限皇权，继而再演变为刘氏一族之家天下的有限皇权。到了汉武帝，回返秦始皇的独天下绝对皇权，重演历史，又将汉帝国置于毁灭的边缘。先生之《说张楚》一文，眼点在于秦始皇的绝对皇权如何转化成刘邦的有限皇权，《论轮台诏》一文，眼点在于汉武帝的绝对皇权之害为何没有带来王朝的崩溃，反而迎来了中兴。皇权的变形及其带来的历史演变，正是先生这两篇经典论文的宏观大局之着眼点。

在而后的研究中，先生继续秉持考察皇权演变的眼点，将时段转移到东晋南朝，系统而精致地考察皇权与（成为门阀世族的）宗族之关系。倾注最多精力，成就最高的论著《东晋门阀政治》，先生在该书的结论中说："从宏观考察东晋南朝近三百年总的政治体制，主流是皇权政治而非门阀政治。门阀政治只是皇权政治在东晋百年间的变态，是政治体制演变的回流。"可谓是前后相连，首尾一贯，始终把握着中国历史和中国社会演变的节点。

老话说，以古知今，讲的是当代必须借助于历史方能认清自己。

新语道，以今知古，是说不懂当代也读不懂历史，特别是在一个连续文明中。司马光曾经身在皇权官僚体制的中枢，他对这个体制的利弊运行，有切身的体验。司马光有幸离开政治舞台，以不远不近的距离，专注历史，成就《通鉴》，他对于历代政治之种种认识，自有独到而深入的眼光，往往是非常人所能道言。先生之人生，经历现代中国几多时代变局，曾经被卷入政治的风口浪尖，他也有幸远离政治舞台，潜心学术著书育人，他的诸多见解，常是久思深虑，深刻反思的结晶，也多是非常人所能道言。

如今，先生的人生，已同他所经历的时代一道逝去。今后，先生学术，将同他的著作一道留存。叔本华说，立言者的天空，有流星、行星和恒星。流星闪烁，转瞬即逝。行星借光，与时并行。唯有恒星，矢志不渝地放射自身的光芒，因其高远，须要多年才能抵达地球人间。

先生以我手写我心，将生命倾注于学术。先生的学术，将垂于不朽。

2015 年 1 月 1 日定稿

（原载 2015 年 1 月 5 日《21 世纪经济报道》，作者为日本就实大学教授）

先生的尊严

邓小南

12月25日上午,正在电脑前工作,眼前突然跳出一行邮件标题:"关于田余庆先生的讣告。"讣告!田先生?!头脑中顿时一片空白,完全不能相信这是真的。

不久前还在蓝旗营院里见到田先生和李阿姨一起散步,还陪伴两位老人回到十二号楼,搀扶先生走入电梯。挥手告别后,先生略含期待的声音"你好久没来了"一直萦绕在耳际,回家后还和我姐姐可蕴相约元旦去看望先生。先生怎么会不在了?

印象中一直忘不了,春节时我和姐姐去田先生家,告别后走出楼门,忽然听得楼上有呼唤声,抬头看去,田先生从四楼厨房后窗内正向我们挥手,嘱咐我们再来。当时心中即涌动着说不出的滋味,现在想起来还是满眼含泪。

田先生常说,和我们一家有祖孙三代人的感情。长期以来,我父亲邓广铭与田先生始终是谊在师友之间。北平解放前夕,国民党搜捕进步学生,当时在校长办公室帮忙的先父得知消息,危急中透露给田先生,让他隐蔽起来。"文化大革命"结束后,先父多次说周一良、田余庆都是"被捆绑"在梁效战车上的学者,力主让他们出任历史系的领导职务。先父从中国古代史研究中心主任退下来,也曾强烈希望由田先生出面主持中心工作。此事未能如愿,是先父晚年心中的一大遗憾。八十年代后期,田先生一度心脏不适,先父十分惦念。当时国内保健品相对匮乏，听说西洋参有助于保养，父亲一直记在心上。1991年我陪他去香港中文大学参加胡适先生诞辰百年的纪念会，从来未用过补药的先父亲自去中药店选购了上等的西洋参片，担心放在行李箱中被压，一路手提回来。每逢春天有人馈赠明前龙井茶叶，先父也总是分出一份送给先生。这大大小小一件件事，田先生每每提及，常常感慨不已。

我的女儿林杉，是在田先生的亲切关爱下成长起来的。若有一段时间不见，先生就会问起。杉杉每次见到田爷爷，两人都会紧紧地拥抱。爷爷会拉着孩子的手，问长问短，时而开怀大笑。这份真挚的祖孙情，使我们都十分动容。

田先生去世后，在历史系的灵堂外，田立告诉我，亲人在整理先生遗物时发现，钱包中有一小本通讯录，上面除去家人的电话外，紧跟着就是学生步克、罗新和我们姐妹的电话。在田先生众多的学生中，可能我是唯一叫着"田叔叔"长大的。二十世纪五十年代中期，田先生和先父及陈庆华先生、张寄谦先生一起编辑《光明日报》史学版，有时在中关园一公寓聚晤审稿，我不时在旁边嬉笑打扰。多年后田先生说起当年的小南，曾经意味深长地说："可能是北大荒的十年，把你彻底改变了。"

1982年我上研究生之后，曾经选修过田先生讲授的秦汉史专题课程。先生开篇时曾说，若有上好的茶叶，宁可沏出一杯浓茶，而不要冲淡为一壶茶水。先生的这一信念，贯彻在他的每一著述之中。先生的追求不在于著作等身，而在于学术境界。他的著述，部部篇篇，都是学术的精品，都渗透着浓郁醇厚的韵味，酣畅周密又温润含蓄，沉潜细读才能体味其中的深意。魏晋南北朝史如今能够成为断代史中的"显学"，端赖几位史学大家及其弟子前后相继的精耕细耘。田先生课上讲过的许多内容我已经记忆不清，但这"浓茶"说，我却未敢忘怀，一直用以告诫自己，也告诫一批批的学生。

田先生给我们这些后辈印象深刻的，一方面是任何情况下儒雅从容的澹泊神态，一方面是对于史学问题通彻犀利的洞察力。先生和当代大多数知识分子一样，一生跌宕波折。面对现实，有关切，有忧虑；但他也有大彻大悟，心地湛然，真正走出了时代造成的困境。与先生谈话，如沐春风。似探讨，像推敲。无论讲世事还是谈学术，无论我们情绪多么急迫，受到先生通达心境的感染，自己也会渐渐冷静下来。针对学生的疑难，先生曾经说：找不到研究题目，找不准研究方向，这是史学工作者的大忌。我毕业留校后，有一次和田先生说到自己研究中的困惑：有些问题，读的材料越多，越不敢下笔撰文。先生拍拍我的手背，勉励我说：这样就对了，经历过这样一个阶段，才能真正找到感觉。2002年前后，先生曾经多次嘱咐我：受到历史系多年培养，应该为系里多做些事。为此先生还专门到过我家。我虽然没能报答先生的厚望，但先生的叮咛一直沉甸甸地落在我的心上。

先生很少参加社会活动，却十分了解学界情形，看似平静的外表下，有着深切的关怀。学术趋向、学人活动，无不在他惦记之中。这些年，我每次访问台湾回来，先生都会问及张广达先生的近况，总是会说"广达多年受委屈了"。张广达、邢义田先生先后成为台湾"中研院"院士，先生为老友的"实至名归"而由衷高兴。

仰望先生的遗照，总觉得似乎饱含期待，有话要说。记得1998年先父去世后，田先生多次宽慰我说，邓先生走得不失尊严，这对老人家来说，就是最好的归宿。在《邓师周年祭》一文中，田先生也说："邓先生走了。没有呻吟，没有牵挂，保持自己的常态，保持一贯的尊严，潇洒而去，这是难得的完满。"此后，"尊严"二字在我心中激荡多时，由此体悟到一代代前辈学人内心的追求与坚持。如今,田先生用九十岁的一生践行了学者的尊严,实现了"淡定人生,潇洒来去"的心愿,终至无恨无悔、山高水长之境。

田先生,田叔叔,安息吧!

(原载 2015 年 1 月 11 日《东方早报·上海书评》,略有修订。作者为北京大学历史学系暨中国古代史研究中心教授)

风操存大道　事业在名山

王　素

得知田余庆先生去世，感觉非常突然。因为这几年与先生联系虽然不多，但对先生的行迹一直非常关注。知道先生四个月前，也就是8月23日晚，还曾赴中国人民大学"第八届中国中古史青年学者国际会议"会场，看望与会青年学子，并回答他们的提问，当时精神状态甚佳，思维敏捷一如往昔。不想世事真的如此难料，天不慭遗，哲人其萎，令人不胜哀悼与痛惜！

我最早知道先生，是1979年拜读先生的名作《释"王与马共天下"》。当时我是武大历史系的研二学生，师从唐长孺先生，学习汉唐历史。在唐师的同意下，正在编撰同时代的《晋三桓（彝、温、玄）年谱》，对该文颇为关注是理所当然的。该文认为：东晋初年所谓"王与马，共天下"，并非夸张之语，而是确有实际内容的政治局面；在王氏之后，依次出现庾氏、桓氏、谢氏等权臣的时候，仍然是庾与马、桓与马、谢与马"共天下"的局面。高屋建瓴，给了我极大的启发。同时感到，先生对东晋门阀政治已经有了成熟的构想，我关注的"三桓"问题，先生一定已经有了深入研究，就将编撰《年谱》的工作放了下来。

此后不久，借阅了一本署先生名的《秦汉史》，对先生的治学路径有了进一步的了解。这本书，是中共中央高级党校历史教研室根据先生1962年9月、10月三次在该校讲授秦汉史的讲稿和讲课记录稿整理编印的。虽然只有三讲，十万字左右，但从第二讲题为"豪强大族势力的扩张和统一国家的趋向瓦解"，已可看到先生研究东晋门阀政治的渊源。近现代研究中国中古史，欲治隋唐，先治魏晋南北朝；欲治魏晋南北朝，先治秦汉，成为一种很有想法的治学路径。陈寅恪先生和唐师属于前者，而先生属于后者。先生于秦汉史极有研究，其《说张楚》《论轮台诏》等文，钩沉索隐，见微知著，展现了田氏史学的独特魅力。同时，也为先生研究魏晋南北朝史，打下了深厚的基础。

我最早与先生相识，是在1984年11月成都魏晋南北朝史会议期间。先生知道我出自武大唐门，格外客气，闲谈之中，几次问及唐师的身体情况。会议刚结束，先生即随周一良先生专程去武大看望唐师。在武大举行的欢迎会上，先生做了发言，开场即说：我这次南行，主要是为了朝山，刚刚朝了峨眉，拜见了缪钺先生，现在来朝珞珈，拜见唐先生。显示了先生对前辈学者的尊重。

此次成都会议，记得最清楚的，是最后一个环节，举办方特别请先生给与会青年学子讲几句话。先生当时虽然已满六十岁，但看起来仍若四十许人，站在台前，身子微微前倾，两眼炯炯有神。他说：我五十多岁时，已经感到精力衰退，很难开辟新的研究领域了。常常后悔，为什么没有在年轻的时候，多学一些知识。他勉励青年学子，要趁着年轻，将自己的研究领域尽量拓宽。我一直感觉先生的这种体悟很经典。"言之无文，行之不远。"只有基础扎实宽广，学问之路才可能走得长久。我后来勉励学生，常常引述先生的这段讲话。

我生性不好交际，只想当观众，不想当演员，与学术界总是若即若离，与先生见面的机会不是很多。1986年9月烟台魏晋南北朝史会议没有参加。再次见到先生，是在1989年11月桂林魏晋南北朝史会议期间。但由于众所周知的原因，这次会议，大家都是忧心忡忡，先生也是一脸凝重。我们见了面，只是礼节性地寒暄，没有更多的交流。此后，1992年9月西安、1995年9月襄樊，两次魏晋南北朝史会议又都没有参加，算起来，与先生称得上暌阔了。

1996年10月至11月，长沙走马楼三国吴简出土，这在中国学术史上应该是一件大事。这批简牍多达十余万枚，其中有字简牍就有将近八万枚，超过以往出土简牍的总和，轰动了整个学界。1997年8月，国家文物局为了保护和整理这批简牍，特别成立了领导小组、总体方案制订组、整理组、保护组四套班子。张文彬局长亲自担任领导小组组长，敦请先生出山，以领导小组成员、总体方案制订组顾问身份，担任整理组组长。由于中国文物研究所很早介入整理工作，决定整理组由长沙、北大、文研所三方专家构成。当时，我具体负责的《吐鲁番出土文书》（释文本十册、图文本四册）刚刚整理出版完毕，主编的《新中国出土墓志》（全三十卷、六十册）尚处艰难创业阶段，感到身心有些疲惫，对参加吴简整理并不是特别积极。但单位领导通知我，说国家文物局点名让我参加整理组，并说这也是先生的意思，我还是欣然同意了。

1997年9月17日下午，在北大二院小108室，召开吴简整理组成立后的第一次工作会议。会议由国家文物局侯菊坤主持，段勇记录。北大方面，先生、吴荣曾先生、罗新参加。文研所方面，我、李均明、胡平生参加。李均明时任古文献研究室主任，我时任古文献研究室副主任。为了加快整理进度，会议决定整理组由先生总负责，吴先生协助，下分两个小组：李均明、胡平生为一个小组，李均明负责；我、罗新为一个小组，我负责。工作交替进行。

此后，很长一段时间，与先生见面和电话联系多了起来。那时，常常要请先生、吴荣曾先生到文研所开会。不管是北大派车，还是文研所派车，一般都是我去迎送。不少重大问题都是先生拍板决定的。这里试举二例：

一是《长沙走马楼三国吴简》的定名。长沙走马楼三国吴简出土之后，最早整理大木简，仅见孙吴嘉禾纪年，因而很长一段时间都称为"长沙走马楼吴简"。1998年5月至1999年5月，我与罗新三次赴长沙整理竹简，不但发现了"嘉禾"以前的"黄龙""黄武"年号，还发现了"建安廿五年""建安廿六年""建安廿七年"纪年，甚至更早的"中平二年"（185）纪年。先生为了稳妥，特别提出应在书名"吴简"前增加"三国"二字。因为传统是将三国时代向前延伸到东汉灵、献之际的。《三国演义》也是以灵帝中平元年（184）黄巾起事、中平六年（189）董卓入京揭开三国时代序幕的。大家对此均无异议。

二是《嘉禾吏民田家莂》和《竹简》的定名。长沙走马楼三国吴简按材质分大木简、竹简、竹木牍三类，其中，大木简有两千多枚，竹简有七万多枚，竹木牍有四百枚左右。大木简最早整理，都是嘉禾五年（236）和六年（237）的吏民田家莂，内容比较单一，作为单独一卷，李均明、胡平生提议就叫《嘉禾吏民田家莂》。先生拍板同意。竹简内容比较复杂，虽然已经整理的一卷主要是赋税简和户口简，但尚未整理的还有八卷，内容无法预测，如何定名成为十分头痛的问题。开会讨论时，先生向我征求意见，我提议就叫《竹简》。先生马上拍板同意。会议结束一起吃饭时，先生还笑着对我说："王素先生真是解决问题的好手呀！"

先生对吴简整理做的最重要的贡献，是提出更换保护方案，使整理者能够看到比较清楚的简牍。吴简保护方案原由文研所制订，采用传统草酸脱色，字与简反差较小，释读十分费力。荆州博物馆有一个新的保护方案，采用另一种药剂脱色，字与简反差较大，效果远远优于草酸。但提出更换保护方案，需要国家文物局同意，并非易事。大家想到了先生。先生既是领导小组成员、总体方案制订组顾问，又是整理组组长，自己也觉得责无旁贷。先生决定亲赴长沙进行调研。长沙市文物考古研究所宋少华所长指定由我陪同。

2001年5月22日上午，我与先生在首都机场会合，一同登机，下午一点到达长沙黄花机场，两点半到达住宿地望麓园。稍事休息，四点左右，在宋所长的陪同下，我们来到清水塘吴简库房。罗新是与两位摄影师乘21日傍晚火车、22日清早到达长沙的。他们正忙着为我们整理的《竹简》[壹]拍照。先生很认真地查看经过草酸脱色准备拍照的简牍。23日上午，宋所长又陪我们去湖南省考古研究所参观荆州博物馆采用另一种药剂脱色的沅陵虎溪山汉简。先生看得更为仔细。参观完毕，先生提出还要再回清水塘看看草酸脱色的简牍。就这样经过反复比较，先生对我和宋所长说："看来，文研所的方案，确实不如荆州博物馆的方案。"表示回京后将会如实向国家文物局报告。下午，应宋所长的请求，先生与我帮他们审订新建简牍博物馆的展陈大纲。晚饭时，先生提出想不要陪同，独自回湘阴故里看一看。24日一早先生回湘阴，下午两点左右返回（据我所知，这是先生离乡之后第一次回湘阴）。接着，宋所长带着负责草拟展陈大纲的工作人员到我们的住处，听取先生和我对展陈大纲的意见。25日上午，我陪先生乘飞机返回北京（罗新一直工作到6月3日才经武汉返京）。29日，张文彬局长的秘书给宋所长打电话，说先生已将调研情况向国家文物局做了详细报告，国家文物局同意更换保护方案。先生对工作的认真负责和一丝不苟，由此可见一斑。

此次陪先生长沙之行，前后四天，相处时间较多。北大传统是做政治史、制度史，我也是做政治史、制度史出身，共同的话题自然不少。不仅谈古，而且论今。有两件事，涉及唐师和当时的政治，使我对先生有了进一步的了解。

第一件事：先生说，"拔白旗"那年，他分管《光明日报》史学版，收到一篇武大来稿，批判唐师资产阶级唯心主义史学思想，上纲上线，甚为激烈，他想了一个理由将稿退了。先生追述此事，十分轻描淡写。但我知道，此事对先生、对唐师，都关系重大。对先生，存在很大风险，处理不当，自己也会受牵连。因为当时报刊均有来稿登记和文稿三审等制度，此稿到达先生那儿，自是终审，说明已经登记，一审、再审亦均通过。如何既能稳妥退稿，又能使同僚无话可说，需要勇气和智慧。对唐师，则逃过一劫，否则，后果实在堪忧。因为唐师生性胆小怕事，抗打击能力很差，两年前，曾因领导一句莫须有的话，买好白绫，准备与师母双双自经。到了"反右"，自是咬紧牙关，什么也不说。但躲得过五七，躲不过五八。唐师1959年5月出版的《魏晋南北朝史论丛续编》的"跋语"，对"拔白旗"时自己受批判的情况曾有痛苦的描述，佛头着粪，令我至今不忍卒读。此稿如果刊发，形成一定范围内的大批判，唐师是无法承受的。

通过这件事，我将先生归入尊师重道的民国学人行列。先生1950年北大史学系毕业，原本就是大陆最后一代受过完整、系统的传统文化特别是传统伦理教育的学人。此次陪先生长沙之行，发现先生"子曰""诗云"，也能信口援引。当初觉得奇怪，听说这件事就不奇怪了。这一代学人，国学根底也很深厚，行为上保有民国学人温良恭俭让的操守，思想上与古圣先贤亦能遥相呼应和异代接武。道德有底线，风义有楷模。我为这件事一直非常感谢先生。

第二件事：先生说，"文化大革命"后期，他被"钦点"进入"梁效"写作班子，一直非常消极，也一直非常苦闷。他与宁可先生是湖南同乡兼好友。宁先生虽非"梁效"成员，但也是"上峰"看中的后备人才。两人都在设法逃避时，听说唐师在京成立了《吐鲁番出土文书》整理组，正在"招兵买马"，便联袂到沙滩红楼拜谒唐师，请求唐师收留，向唐师学习整理文书。但唐师考虑良久，还是没有同意。先生追述此事，并没有抱怨唐师的意思，只是笑着说：如果唐先生收留了我们，给我们学习机会，我们也早就是吐鲁番学研究专家了。因为先生知道，以唐师之小心谨慎，是绝对不敢挖"梁效"墙脚、与"上峰"争夺人才的。

通过这件事，我对先生又有了新的认识。先生与唐师在学养上虽然同属民国学人，但在旧学为体、"新学"为用方面仍属两个群体。唐师1932年上海大同大学毕业，即参加工作，先在中学代课，后在大学教书。当时的中学和大学，都是人间净土，过惯了风平浪静的生活，加上身上带有传统士大夫工于谋国、拙于谋身的基因，在1949年后几十年腥风血雨的政治运动中，唐师这个群体很不适应，几乎全军皆墨，很少有人能够全身而退。而先生1950年参加工作，即赶上没完没了的政治运动，一方面很快适应，一方面也学会了变通。加上先生原属极富睿智之人，又精通政治史，见惯了各式各样的权谋，在工于谋国的同时，也学会了如何谋身。因此，"拨乱反正"后清查"梁效"，先生因身不由己，常在边缘，得以平安无事。我真心为先生感到庆幸。

此外，在与先生相处这几天，我对先生的其他方面也有了进一步的了解。譬如先生既有口才，又有风度，当一个"学术活动家"，比很多人更有资质。但先生却异常低调。不仅如此，还异常谦虚。先生长我将近三十岁，属于我的父辈（比我父亲仅小一岁半），我每次讲话，先生总是十分认真倾听。我尊先生为师长，先生将我当朋友。实际上，我与先生也是亦师亦友，谊在师友间。

此次陪先生长沙之行，使我和先生谈古论今，彼此都不再有忌讳。返京后的五年间，几乎每年都有机会见面聊天；逢年过节，我也常给先生打电话请安,陪先生谈论学界新闻。先生对我很坦率地谈了他对"夏商周断代工程"和"国家清史纂修工程"的看法。他对学术界别有用心炒作"康乾盛世"很不满意,认为这是高压下的盛世,与西汉文景盛世,唐代贞观、开天盛世,不在一个层面,无法比拟。我与先生电话联系渐少,大约是在 2006 年后。此前,因吴简整理已经走上正轨,整理组不再开会讨论问题,先生不愿当挂名组长,提出辞去整理组组长之职,而我们经过商量,觉得先生是整理组的稳定力量,先生这面大旗仍须高举,没有同意先生的要求。此后,给先生打电话,先生偶尔问起此事,我觉得不好回答,就较少电话联系了,但见面机会仍然不少。2007 年 8 月 25 日在北大中古史中心召开"中国中古史中日青年学者联谊会",2011 年 6 月 3 日在北京友谊宾馆嘉宾楼召开"《唐长孺文集》出版座谈会",都与先生见过面,只不过没有机会交谈。原想近期找个机会,去先生府上拜谒,没想到竟成永诀!因而先生去世当晚,心中悲痛,一夜无眠,凌晨两点拟一挽联,发给治丧小组,以托哀思,文曰:

秦与汉,王与马,拓跋贺兰,八百年古史聆新义;

聚而离,痛而思,湖湘师友,二三子今朝哭尽哀。

古人有"三不朽"之说。先生风操存大道,是谓立德;桃李满门墙,是谓立功;事业在名山,是谓立言。先生可以不朽矣!愿先生在天之灵永远安息!

(原载 2015 年 1 月 11 日《东方早报·上海书评》,作者为故宫博物院研究员)

"守住科学良心"：追念田余庆先生

王子今

12月25日清晨，收到好友高世瑜短信，得知田余庆先生仙逝的消息。虽然前一段时间对田先生病情略有所知，但还是不免心中一惊。当天上午下午都有课，确实没有时间从容整理思绪。回想得自田先生虽次数不多，却深印心底的教诲，只是片段闪亮。但是在上午讲授"《汉书》研读"课的讲台上，说到田先生的学术贡献，眼睛仍不免湿润。

这堂课讲授的内容以"西汉边疆与民族问题"为主题，其中有一节涉及"《西域传》'序''赞'"，当课件显示《汉书》卷九六下《西域传下》如下记载时，我不能不说到田余庆先生的《论轮台诏》。班固写道："自武帝初通西域，置校尉，屯田渠犁。是时军旅连出，师行三十二年，海内虚耗。征和中，贰师将军李广利以军降匈奴。"于是汉武帝"悔远征伐"。而搜粟都尉桑弘羊等奏言："故轮台东捷枝、渠犁皆故国，地广，饶水草，有溉田五千顷以上，处温和，田美，可益通沟渠，种五谷，与中国同时孰。"建议利用这一绿洲之地理优势，建立军屯基地，创造扩大战争规模的条件，并与河西地方建立共同的军事通讯和防务体系。"张掖、酒泉遣骑假司马为斥候，属校尉，事有便宜，因骑置以闻。"意在逐步拓展规模，以谋求战略强势。"稍筑列亭，连城而西，以威西国，辅乌孙。"而汉武帝则坚定地否决了这一建议，有"不复出军"的态度鲜明的决策。此即史称"轮台诏"的发表。"上乃下诏，深陈既往之悔。"对以往战事，有"曩者，朕之不明"的检讨，对当前"益民赋"以充实军费的建议，有"是重困老弱孤独也"的斥责。汉武帝说："乃者贰师败，军士死略离散，悲痛常在朕心。今请远田轮台，欲起亭隧，是扰劳天下，非所以优民也。今朕不忍闻。"除"悲痛""不忍"外，他又对边境"卒苦"深表同情，对于外交方式"报忿"等做法亦予以否定。汉武帝明确宣布："当今务在禁苛暴，止擅赋，力本农，修马复令，以补缺，毋乏武备而已。"《西域传下》记述："由是不复出军。而封丞相车千秋为富民侯，以明休息，思富养民也。"班固就此有肯定性的评价："末年遂弃轮台之地，而下哀痛之诏，岂非仁圣之所悔哉！"所谓"当今务在禁苛暴，止擅赋，力本农"，所谓"仁圣之所悔"，都体现诏文内容不拘限于西域轮台地区军事部署的局部性问题与军事行动的战术调整，而确实有战略意义，体现出了执政路线的改变。从"轮台诏"看，汉武帝晚年确曾努力进行治国方向的重大转折。"富民"语汇与"优民"的宣传相照应，如班固所分析，"以明休息，思富养民也"，应当并非调整对外作战策略的权宜之计，其实可以理解为基本政策转变的标志性符号。明人吴鼎《读史有感》诗有"汉武雄才世莫伦，轮台一诏见天真"的赞辞。李贽《史纲评要》卷七也写道："汉武惟此一诏可谢高帝、文帝。""天下大坏而得以无恙。"又赞赏汉武帝由此表现的非凡的政治胆略："过天地之风雷，可不勇哉！"由"轮台一诏""惟此一诏"语可知，其实据班固《西域传下》的记述，已经可以大致得到田余庆先生《论轮台诏》指出的"汉武帝改弦易辙"，"完成向守文的转变"的认识。

下午课后，我在北京大学历史学系指导的博士研究生熊龙来中国人民大学，说次日历史系将设灵堂，27日即在八宝山遗体告别。

"守住科学良心"：追念田余庆先生

我因 26 日凌晨要飞海口出差，27 日夜间返回，28 日又将赴赤峰出席会议，不能亲往吊唁，只得请熊龙代为致意。当晚拟挽联发给熊龙，也代表了我的几十位历史学科学生的心意："深切悼念田余庆先生。史航高桅论议多神器，实证雄识庠序有洪才。学生子今及诸弟子敬挽。"

记得我读田余庆先生《说陈楚》，正是刚刚起步迈入秦汉史研究学术界域的时候。初读这篇论文即耳目一新，我想是多数读者共同的感觉。此前二三十年以来，农民战争史是史学界关注的热点。回想我在西北大学历史系 77 级读考古专业，中国古代史课上，老师组织课堂讨论，主题大概是"朱元璋蜕变的原因和影响"。我想，为什么非要说是"蜕变"呢？朱元璋这样的历史人物，他的政治作为和文化影响，最重要的表现是在这种"蜕变"之前还是"蜕变"之后呢？也许他的历史贡献更多地是以"封建"皇帝身份而并非农民起义领袖身份实现的吧？当时虽然没有大胆地站起来发言，但是心中暗知怀有类似疑问的同学一定还有一些。虽然对农民战争史研究的问题已经有若干思考，但是读《说陈楚》，还是引起了强烈的心灵震动。原来对于农民起义，对于农民军，对于农民出身的政治人物，还可以进行这样的分析，提出这样的认识。

中国史学长期承袭以政治史为第一主题的传统。我曾经写文章说到这或许是可能可以称为"中国传统文化的泛政治主义特色"的表现之一。二十世纪七十年代末以来，一些青年学人厌倦了史学仆从政治、影射史学服务"文化大革命"政争的恶相，倾向于将政治史从社会史、文化史、生活史中剥离开来，却没有想到还可以进行《说陈楚》《论轮台诏》这样的政治史研究。田余庆先生的论著，是政治史研究的新创制，也在当时谋求史学新生的思想解放浪潮中，以新的视角、新的思路、新的方法、新的格调，树立起了学术高标。

　　田余庆先生是中国秦汉史研究会顾问。2006年，咸阳师范学院拟创办《秦汉研究》年刊，作为中国秦汉史研究会会刊。我们商定请田余庆先生题写刊名。就其可能性请教罗新教授，得到并不乐观的答复。罗新说，据他所知，田先生从未给任何人题写过此类文字。我和咸阳师范学院历史学院雷依群院长拜望田先生，满怀忐忑地提出题字的请求，没有想到田先生即刻应承。田先生题签"秦汉研究"，我们看作对中国秦汉史研究会的关爱，对秦汉史研究取得学术进步的期望。田先生出生在陕西城固。在交谈中，他深情表述了对那里山水草木的眷恋。他说，后来再也没有去过汉中。他还回忆有一次经宝成铁路往四川，行历阳平关路段，由两节车厢交接处的车窗伫望快速闪过的陕南山水，回忆起儿时往事的情形。讲述中有雨水洗刷着车窗的细节，使我们感受到乡情的真切。得知老人对汉中地方的深厚情感，陕西的朋友多次设想接田先生夫妇往陕南讲学考察，探访旧时遗事，可惜这样的计划始终没有能够实现。

　　我不大同意只是以"魏晋南北朝史研究大家"评价田余庆先生的学术地位。其实，田先生在秦汉史研究领域的重大贡献人所共知。二十世纪六十年代初，当时的中共中央高级党校请一些历史学家给学员讲授历史课，"秦史"和"汉史"是田余庆先生承担的。我在八十年代初读到印制粗陋的讲义，后来前辈同事周奕才、崔新民将这些讲义整理成《中国古代史讲座》，由求实出版社于1987年10月正式出版。按照主讲历史时期年代次序，讲授者分别为吕振羽、裴文中、尹达、杨向奎、田余庆、唐长孺、邓广铭、韩儒林、吴晗、郑天挺。在这一阵容中，田先生当时的年龄和资历引人注目。他于秦汉史研究精深凝练而成的高明识见，又集中体现于翦伯赞先生主编《中国史纲要》的秦汉史部分，中国大百科全书出版社1992年4

"守住科学良心":追念田余庆先生

月版《中国大百科全书·中国历史》"秦""汉"等词条,以及享誉学界的中华书局1993年11月版《秦汉魏晋史探微》、2004年2月版《秦汉魏晋史探微》(重订本)等论著。

近来,有学者对田先生《论轮台诏》文中所引据《资治通鉴》记录的可信度提出质疑,认为"《通鉴》相关记载不见于《史记》《汉书》等汉代基本史籍,而是出自南朝刘宋王俭著的小说《汉武故事》,完全不可信据"。论说显示了作者文献学的深厚功底,读来多受教益。相关学术讨论的积极意义应当肯定,但就此进行进一步的深层次的探究也许还有必要。比如,论者指出《汉武故事》"藉取前人相关行事,作为创作的原型"情形,举颜驷故事可见《论衡·逢遇》中"更早的原型",其说甚是。同样的道理,似乎我们也不能排除《资治通鉴》和《汉武故事》分别采用了共同的可以看作"原型"的早期史料的可能。

其实,司马光在《资治通鉴》有关战国秦汉史的记述中采用未知出处之史料的情形还有其他例证。例如杨宽《战国史》中关于乐毅破齐故事的记述,先后版次不同,观点曾经有重大改动。原版写道:"乐毅为了拉拢齐国地主阶级,在齐国封了二十多个拥有燕国封邑的封君,还把一百多个燕国爵位赏赐给齐人。"作者注明"根据《资治通鉴》周赧王三十一年"。《资治通鉴》卷四原文为:"乐毅修整燕军,禁止侵掠,求齐之逸民,显而礼之。宽其赋敛,除其暴令,修其旧政,齐民喜悦。""祀桓公、管仲于郊,表贤者之闾,封王蠋之墓。齐人食邑于燕者二十余君,有爵位于蓟者百有余人。"新版则不再保留这段文字,又特别在"绪论"中"战国史料的整理和考订"题下专门讨论了"《资治通鉴》所载乐毅破齐经过的虚假"这一问题。作者论证《通鉴》所称"齐人食邑于燕者二十余君,有爵位于蓟者百有余人"事不可能发生,又指出,"所有这些,都是后人夸饰乐毅为'王者之师'而虚构的"。"所有这些伪托的乐毅政绩，符合于《通鉴》作者的所谓'治道'，因而被采纳了。"（王子今：《战国史研究的扛鼎之作——简评新版杨宽〈战国史〉》，《光明日报》2003年9月2日）这样的分析，有益于澄清战国史的重要史实，但是所谓"伪托"的判定，仍不免显得有些简单武断。如果探求到有关"后人夸饰""虚构"之渊源脉络的明确的实证，其论点自然会更有说服力。

我不是田余庆先生直接的学生。这种怀念老师的文章当然由他的学生撰写会传递更深沉的情感和更丰富的信息。不过，因为对田先生的多次鼓励深心感激，而且作为田先生许多学生的好朋友且马齿徒长，也许可以表抒某种特别的深切感受和真挚敬意。

记得有一次在田先生家，他说到自己对秦法在不同历史阶段有不同面貌，而我们看到的秦法某些部分或保留早期条文之可能的思考。田先生说因为年迈，这一问题他已经无力完成，嘱我进行相关探索，撰写专题论文。这当然是非常重要的启示和指导。我当时答应了田先生，现已事过数年，虽然有所思考，但是至今还没有完成这一我设定主题为"秦法小国之构"的论文。不是因为懒，只是长期总在忙乱中，没有细致的科学的计划。工作似乎有速度，有进度，但是没有讲究学术秩序的合理度。想到这里，心中惭愧，无以言表。

借用农人的语言，其实或迟或速，每位学术耕耘者的"犁沟"总会走到尽头。我想，学界师友无一例外都会有就某个学术问题或某些学术问题的探究有志未逮，没有完成的遗憾。不知道田余庆先生是否还有未曾面世的遗稿。他的人生轨迹与社会动荡、文化变迁、学界波澜、史坛势态多相印合，如有日记，应当可以从一个特别的侧面记录一个时代的精神生活史。我想，他的书信如果可以和这些

"守住科学良心"：追念田余庆先生

文字遗存一并整理，则不仅对于从事秦汉魏晋南北朝史研究的学者有所教益，也可以为中国现代学术思想史和知识人之心态史研究提供有意义、有价值的史料资源。

"守住科学良心"，引自田余庆先生《我的学术简历》一文中最后一句话。他强调"学有所守"，又说，这"是想避免曲学和滥作，守住科学良心，这是我的愿望"。此文原是《当代名家学术思想文库·田余庆卷》的自序，收入《田余庆先生九十华诞颂寿论文集》（中华书局2014年2月版）。本文标题借用"守住科学良心"数字，首先以为适宜于纪念田余庆先生的学术精神，另外愿以此自勉自励，并且希望青年学子记得田余庆先生的嘱托，理解并坚持这一人生原则。

这两天连续收到朋友转来有关纪念田余庆先生的文字。田先生的《九十自述话治学》《在庆寿会上的发言》《我的学术简历》以及《田余庆先生访谈》《田余庆先生的史学遗产与"中古史实重建"构想》等被频繁转发。有网文称，"他这一代学人受政治冲击最大，而他却能走出意识形态话语的干扰，自成一家，提升了中国古代史研究在国际上的地位"。罗新在微博上贴出了一张田先生的照片，石桥、绿树、田先生背向我们，在阳光中缓步前行。罗新写道："这张照片是2010年6月6日在北大拍的，田先生最喜欢，多次说将来要在告别仪式上使用，说这样才'走得潇洒'。熟悉田先生的人都知道，潇洒二字跟他的性格至少表面上是难以沾边的，但他心里还是在追求一种潇洒的人生。回过头来看，他的人生真是完美且潇洒，足以让我用十辈子的时间来效仿。"田先生的表情通常看来似乎总是严肃的。有人评价他的论文："以冷静的态度和沉郁的笔触，来书写历史上那些看起来很残酷的故事。"又以"沉郁的文风""格外凝重"形容其学问。（知乎用户：《北大教授田余庆先生仙去：

用历史学讲出了超越时代的故事》)然而我们读他的书,又是可以体会到一种"潇洒"的。一种真正的"潇洒"。

(2014年12月26日初草于北京／海口CA1379航班,27—28日修改于琼海、赤峰旅次,作者为中国人民大学国学院教授)

《东晋门阀政治》出版始末

李 凭

2014年10月10日下午,我到田老师家看望他。1986年初入师门时,师母告诉我,称呼"老师"他最高兴,从那以后,"老师"就成为面谈时的惯称。

那个下午老师说了很多话,都是陈年往事,诸如1982年夏天让我陪他悄悄逃离学术讨论会去寻访游龙戏凤酒馆(好像在大同城内鼓楼附近)之事。谈起那些事,老师的脸上很有神采,话语清朗,让我想起三十年前的模样,竟忘了面对着的是九十岁的老人。老师并不像学生中相传的那样过于严肃,他认真但不刻板,具有风趣的一面。那天还让我惊讶的是,以往许多人事细节他都记得清清楚楚。他说,这些事情你要替我记下来,不少人帮助过我,有些人并不是学术界的,这更难得。

在老师的谈话中,有关《东晋门阀政治》初版的事情是他反复问到的。老师说,《东晋门阀政治》得了不少奖,这是许多人见到的;可是它经历过曲折,这是大家不知道的,或者只是听到传言而已。我答应把相关的人事写出来给他看,可是想不到他这么快就走了。

《东晋门阀政治》最初是交给人民出版社的,但是被退稿了。记得那是1988年的夏天,编辑部约老师见面,老师让我代替他去。接待我的是一位资深编辑,谈话是客气但干脆的,理由是委婉但官腔的,结果就是叫我把稿件拿回去。我没有一点思想准备,走出人民出版社大门之后在街上徘徊了一阵，然后拐过华侨大厦来到中华书局。老朋友骈宇骞编辑热情接待了我，这位山西老乡是很仗义的人。他说，被人民出版社退稿的原因不在于书稿本身，他愿意向中华书局的领导力推。中华书局考虑学术影响更多，很可能会接受这部书稿。

我返回北京大学，到老师家里交上退稿。老师当时没有让我转述退稿的理由，我也只是讲述了改投中华书局的建议。过了一段时间，天已入秋，老师叫我将书稿送往北京大学出版社。他说，不用去联系中华书局了，那里同样要三堂会审（戏指出版社常规的三审制度），谁知在哪个环节上会被卡住。

北京大学出版社编辑部的负责人对我讲，本校的书稿太多，他们的经济底子薄，特别是编辑力量缺乏，经研究之后提出了社外编辑的办法，这样利于缩短出版时间。我听明白了，就是将编辑与排版的任务转移给作者方面。此后，我就携着老师的书稿回到太原，求助于山西人民出版社的老领导。他笑着告诉我，不属于山西人民出版社的书稿，不能公然安排给出版处编排和印刷，但却暗示我自己与山西新华印刷厂联系。

如今的印刷业已经高度发达和普及，每一部电脑都具有编辑排版的功能，每一所大学附近的门店都能在一个小时之内印制好数十万字的学位论文。如今编辑和印刷文稿，享有着诸多科学技术便利。二十世纪八十年代的印刷业采用铅字排版，工艺笨重繁复，加上行政管理严格（属于公安局的特行科监管），小作坊是干不了的。

山西新华印刷厂的业务科长是李景明，我和妻子早年都与他有过业务交往。当时他是年轻小伙子，结婚生女不久，心情颇佳，私下答应了我的请求。他领我到车间，将老师的书稿安排给一位老师傅。此后，我就往返于太原与北京之间，陆续将排校成功的初校样、二校样、三校样和对红样交给老师复核。

　　给老师的书稿排版，比一般的稿件要困难一些，因为老师在复核的时候还不断地作修改，直到最后对红时还有改动。修改多了就不得不更改版面，而铅字排版最忌更改版面，因为要将已经固定好的铅字拆散后重新排布。我好几次见到那位老师傅将一整版铅字拆散后重新检字排版，然而他没有向我流露过一点抱怨。他对我说，书稿他读不懂，所以检字费力，但是博士的老师的书稿肯定了不得，所以无论怎么动版他都不嫌费事。遗憾的是，如今我连他的姓都忘记了，当时我记得相当清楚的。真对不住啊！

　　排版完成以后，我向北京大学出版社请示，是否就地在山西新华印刷厂印刷。这是当时太原最好的印刷厂，排印过"毛选"和有关大寨红旗书稿的大厂家，而且有可能使用好一点的纸张。得到的答复是打成纸型带回，交由河北的一家印刷厂印刷。于是，我又请李景明科长作相应的安排，第二天他就将纸型交给我带走。我心里明白，从排字到打成纸型，是利润最薄的环节。但是李景明没有发怨言，只是细心地帮我将纸型捆扎好，嘱咐我在火车上避免强力的磕碰。

　　1989年初，《东晋门阀政治》终于问世了。几年后，我又见到李景明，他将最后一次校样找出来交给我，纸张发黄了，但上面依旧清晰地留着老师改动的字迹。

　　2014年12月27日参加老师的葬礼，随后我乘高铁南下。还没有定下神来，就接到陈爽学兄的短信，约我写几句话，期限只有五天时间。我来不及细细琢磨，粗粗写下了上述情节。有些当事人的姓名，容我想起来再补上吧。

（原载2015年1月11日《东方早报·上海书评》，作者为澳门大学人文学院教授）

回忆父亲田余庆先生

田 立

我对父亲田余庆先生的专业研究所知有限，作为女儿，能回忆起来的主要是他的生活琐事。

父亲1924年生于陕西南郑县，祖父曾在冯玉祥军队中担任过少将军衔的高级幕僚。这个情况是我十几年前去陕西汉中了解到的。

父亲后来填报的履历表，出身一栏为破落地主。如此填写源于他1948年进入解放区后不知如何填报出身，对组织讲了自己的家庭状况，组织上说，曾经有土地，现在没有了，填破落地主吧。其实当时家里无地已很多年。1928年，父亲四岁时，祖母受不了祖父讨小，带着一双儿女愤然返回湖南乡下，祖父自此断绝了对大房的所有赡养。孤儿寡母靠卖地为生，不久地卖完了，生活窘迫。祖母直到1939年前后过世，都没与丈夫再见面。之后，父亲与年长十三岁，当小学老师的姐姐相依为命。为了减轻姐姐的负担，父亲大学投考了免费的教会学校——湘雅医学院。父亲曾告诉我，他当年在湘雅的几位同学，中华人民共和国成立后成了北京协和等大医院的名医。

入学一年后，受鲁迅先生的影响，为了抗日救国，父亲不安于成为一个医生，申请退学，未准，于是以去贵阳做美军翻译为跳板，离开学校。在贵阳短暂停留后，准备去昆明投考西南联大。当时从贵阳到昆明的所有交通工具都很紧张，于是父亲给祖父写信，请祖父联系贵阳机场的军方朋友,帮助搞张机票。祖父回信,叮嘱千万不可让熟人知道有他这个儿子。至此父亲才明白,祖父不愿意让人知道曾有大老婆一房之事。一到昆明,父亲马上写了脱离父子关系的声明寄给祖父,父子之间从此断了关系,不复有任何信息往来。这件事记录在他的档案里。

父亲先在昆明读西南联大,抗战胜利后回北平读北大,一直是靠奖助金生活的穷学生。学生时代,父亲不满政府腐败,参加地下党组织的学生运动。1948年国民党当局登报通缉十二名学生运动积极分子,父亲是其中之一。北大校方尽其所能保护学生。邓广铭先生当时担任校长秘书,听说军警要进校搜捕学生,马上设法通知父亲躲避。罗荣渠先生与父亲同班,让父亲躲到他的寝室。这些事几位先生后来都曾提及。母亲回忆说,她给父亲牙上涂了炭黑,换上长袍马褂,化妆成小贩,经地下党营救进入解放区,分配到晋察冀城市工作部。北平和平解放后,父亲随城工部进城,家里的相册中有一张父亲穿着解放军棉军服的照片,就是那时留下的。

刚解放,父亲被分配到北平公安局工作。父亲不愿从政,还是想回学校,经过反复申请,终得同意脱离机关。先被批准到中国人民大学历史系读研究生,之后才调回北京大学历史系。当年被通缉后去解放区的十二名学生,除了父亲之外,基本都在中组部、中宣部、团中央等政府部门工作,有些逐渐成为中高级干部。父亲年轻时虽然与很多热血青年一样参军入党,投奔解放区,中华人民共和国成立以后,也始终关心政局,关心国家的发展,但他始终无从政的愿望,终其一生,他是一个努力用自己的学术研究贡献社会的学者。

北大还在沙滩时,家里有了我。生我时,母亲得了乳疮,留在医院治疗,父亲把刚三天大的我抱回家,他以医学生的严谨,用标准母乳温度的水泡奶粉，把我喂成重症急性胃肠炎，紧急送到医院抢救，与母亲住在不同楼层。父亲去探视母亲，母亲问，田立怎么样？父亲说很好。过了两天，母亲不放心，要求父亲把我抱来看看。父亲硬着头皮去儿科抱上我，到母亲的床前，母亲掀开包裹一看，惊叫起来。原来父亲把我的头夹在胳肢窝，脚朝上就抱来了。得亏路程短，没闷死。母亲后来聊天时常对父亲说，那次要是把田立闷死，非跟你离婚。当然，也就是那么一说。

不久院系调整，北大搬到燕园。有一段时间，父亲需要进城学习（当时人民大学在城里），为此买了辆匈牙利产的锰钢二手自行车，是倒蹬闸的。每天一早骑车进城上课，晚上从城里骑车回家，很是辛苦。父亲这辆车一直骑到"文化大革命"。"文化大革命"中不知什么原因，父亲把车送到海淀老虎洞卖了。刚回到家就觉得后悔，马上返回，铺子里的人说车已经卖了。父亲后来一直耿耿于怀，认定是铺子里的人留下了车。

五十年代初的几年，父亲上学顾不了家。当时学校党员少，母亲还要兼任系里的行政工作，一天早中晚三段工作非常忙，喂完奶后就把我绑在儿童车里。邻居历史系商鸿逵教授的太太不忍听我长时间啼哭，从窗户跳进去把我抱到商家。所以从小我就喊她商妈妈，喊商家的孩子为二哥、小三哥，跟商家一直很亲近。

我的母亲是湖北公安人。外公虽然是资本家，但也是开明士绅，他曾出钱兴办教育，至今受乡人好评。抗战时，外公出钱武装共产党游击队，游击队负责人也长期住在外公家。临近解放，外公从长期生活的汉口跑回乡下。村里解放的第二天，外公就被农会抓起来。当时的湖北省委某负责人（当年住外公家的游击队政委）通过北大党委找到母亲，让她速回武汉跟他汇合后去公安县解救。父亲怕已是预备党员的母亲犯错误，也随之赶去公安。待母亲和省里的人到县里后，农会已将外公枪毙。外婆几天内因悲伤惊吓而去世。上高中的舅舅和快要上中学的小姨被接到北京，由我父母抚养。两个刚刚工作的大学生，要养五口人，供两个中学生上学，家里的经济状况顿时吃紧。但父亲对此从未有怨言。"文化大革命"后，公安县曾派人来家里，跟母亲解释，说当时是农会的行为，一起处死的还有一位恰巧回乡省亲的香港海员，是香港地下党主要负责人。来人希望母亲提供外公生平资料，以便作为开明士绅和有贡献的人编入公安县志，但母亲认为人已死，现在说什么都没意义，谢绝了。

父亲的性格内向，平时话很少。在我的记忆中，"文化大革命"前，我跟父亲的沟通只在吃饭时。其余时间，父亲多不在家，就是在家，也是独自在书房兼卧室里，我们一般是不进去的。特别是当父亲第二天有课，晚饭后母亲总是叮嘱我们小声说话，或者允许我们下楼玩到睡觉。父亲常常开夜车备课到凌晨两三点。只要母亲主动让我们出去玩，我们就知道父亲第二天要上课。同是教师的母亲，备课似乎就没有那么郑重其事。

父亲对生活没什么要求，不会做家务，自理能力差。大家都知道，他一辈子是被母亲照顾、管理的。困难时期，凉台上养了只母鸡，偶尔下蛋给孩子吃。一天，母鸡两天多生不下来蛋，憋住了。父母急得不行，掰开鸡嘴喂药，不起作用，母鸡奄奄一息，只能忍痛杀掉。杀鸡前，他们研究了很久，做足准备，关上厨房门，不许我们进去。父亲抓住鸡脖子，母亲用刀割。鸡开始挣扎，父亲吓得松了手，流着血的鸡满厨房飞，吓得他们跑出厨房。母亲埋怨父亲不该松手，父亲抱怨母亲杀鸡哪能慢慢割？过了许久没动静了，我的好奇心压倒恐惧，开了一点点门缝看，找不到鸡了，满地满墙满桌都是血。二公寓的灶台很大，后来在灶台的窟窿里发现死了的鸡，定是血尽而亡。之后我们花了很长时间收拾厨房。这成了家里的保留笑料。

还有一件趣事。1964年,小学快毕业了,父亲带我去同仁医院配眼镜。回来时路过东来顺,父亲不知怎么心血来潮领我进去打牙祭。估计没点多少肉,因为我只记得烧饼和麻酱调料。结账时,收银员报出账单,父亲吓一跳,因为许久没下过馆子了,他对价钱的记忆还停留在很早以前。翻遍全身,根本凑不够钱。收银员叫来餐馆领导。领导看到尴尬的父亲,又看到从衣兜里掏出来放到桌上的东西中有北大校徽,客气地说,你留下坐车钱,差的钱尽快送来吧。第二天父亲去送钱,还特意写了封感谢信。以后下馆子,父亲都仔细看菜单,不会重蹈覆辙了。

父亲兴趣很少,唯有读书写东西。但从中华人民共和国成立到八十年代初,完全没有做事的空间。接连的各种运动,不是参与就是挨整。1959年党内反右倾,父亲和历史系的汪篯教授是北大重点批判的白专典型,无休止的批判检讨,巨大的压力使他身体健康恶化,后来终于住院。他晚年最大的感慨是一辈子做学问的时间太少。

"文化大革命"后期最令父亲烦恼的莫过于进入"梁效"。父亲对被学校派进"梁效"非常抵触。他告诉我,在"梁效"时要求自己署名写文章,他如何想办法拖延,直到"梁效"撤销都没写出来。但"梁效"的经历给他造成巨大的压力和影响。前几天跟汪篯先生的公子聊天,他告诉我,那期间开过一次汪篯伯伯的追悼会,父亲没参加,第二天父亲专门到汪家解释,说不想见人。1977年高考,弟弟第一志愿报考清华,以他的成绩可以上清华的任何专业。由于当时"梁效"的审查尚未结束,清华不敢收。母亲去找清华,清华说,我们不收可以转到北大。母亲又去找北大,北大说若他报了北大,我们可以收,但他没报。北大清华推来推去。后来清华把弟弟的档案转到第二志愿学校北京钢院,钢院先说录取到师资班,后来在党委会上，有人提出这么好的成绩清华不收，我们也不能收。这个情况是住在中关园的北京钢院的副书记告诉母亲的。当时上大学是天大的事，父亲觉得自己影响了孩子，痛不欲生。还有个细节，1977年录取结束后，历史系曾经的学生胡德平（胡耀邦之子）听说了此事，托人转告父亲，若下次再遇到这类事，可以告诉他。1978年高考，弟弟干脆全部志愿只报北京大学，被生物系录取，父亲的心情才慢慢好起来。

父亲一生不愿也不善于从政，只想专心读书。八十年代初，周一良先生卸任历史系主任，让父亲接任，他推脱，后来系里和学校多次做工作，才勉强接任。说好只做一届。接任系主任后不久，他就出国了，整整一年待在国外。其实父亲做系主任只是象征性的，系里大量的行政工作由书记和副系主任们承担。系里和学校对他很宽容，知道他的兴趣不在于此，也就不再勉强了。

父亲真正有充裕时间安心做学问是在六十岁之后。他一生只写过两本书和一本论文集。第一本书《东晋门阀政治》1989年出版，那时他已年过六十五岁。前两天我跟这本书的责编刘方先生联系，据她说，《东晋门阀政治》目前已经出到第五版，卖出近三十万册，现在每年能卖两万册左右，在学术著作中，算是很好的。这本书获得第一届"国家图书奖"。在前后获得的多个奖项中，父亲最看重"思勉原创奖"，因为没有官方色彩，完全是同行推荐同行评议。据说，在第一届"思勉原创奖"评选中，《东晋门阀政治》得票第一。

可悲的是，他一辈子的成果得于晚年。从八十年代终于可以潜心自己所钟爱的事情开始，父亲很长时间是争分夺秒的工作状态，生活非常规律。每天七点起床，八点开始坐下来工作，直到十二点保姆叫他上桌吃饭。午睡后工作到晚饭。八十多岁之前，晚上还要工作一会儿，几十年如一日。母亲抱怨跟他聊天只有吃饭时间，而且吃饭时若他有问题正在思考，吃饭也是默默的。晚年他的精力不济，每天工作时间缩短，但还是保持上下午都要工作一会儿的习惯，直到去世的前一天。父亲是凌晨在家里突然去世，我们在忙乱中，他的学生陈爽先生拍摄了父亲的书房照片，书桌上摊开着前一天还在看的书和做的笔记。

人老了，很怕孤独。晚年父亲非常愿意跟我聊天。每次回家，父亲不管是看书、写东西或者看报，都马上放下手里的活，跟我坐到沙发上聊天，一聊就是几个钟头。每次我走，他都表现得意犹未尽，送我到电梯关门才回去。父亲跟我的聊天，每每都离不开时政和他的学生，好像永远只有这两个话题。前者往往充满愤怒、悲悯、忧患情绪；后者则充满关爱和自豪。我一直觉得，父亲非常爱学生，这种爱有时甚至超过对子女的爱。父亲真心期待学生能超过他。有时候高兴地跟我谈起哪位学生出了什么书，哪位学生超过了他，全然不顾是在对牛弹琴。有的后辈对他的书提出商榷，他非常欣喜。去世的那周，我回家，他顾不上聊天，说要准备一下，有位学生对他的书有些新的想法，要约他来家里谈。

父亲晚年最享受的时光就是有人来家里聊天。其中既有他自己的学生，也有在北大期间未上过他的课的学生；还有些是校外同领域的后辈同仁，甚至学生的学生，大家都尊他为师。他们相约岔开时间，以保证每一两周都有人来看望他，陪他聊天。我常想，他们来与父亲聊天应该并不认为是尽义务，是负担，而是非常乐于做的事，才能持续那么久。这种情况贯穿他生命的最后十几年，直到他去世的三天前。每次我回家，他都告诉我这周谁和谁来过了，谁谁约好要来。这些预约都记在台历上，当成最重要的事情。父亲是退休几十年的人，大家还这么惦记他，这份情谊令人感动，这种精神慰藉是我们做子女没办法做到的。为此，我一直想要表达对他的学生阎步克、罗新等诸位教授的感谢！是大家的关爱使父亲有幸福、愉快的晚年！也因为如此，直到去世，他的思想一直活跃，这是我们最高兴看到的。

曾经看到历史所胡宝国先生的文章，想引用其中一段话作为结束："以田先生的学术成绩、学术地位，他本可以活得很热闹。但事实上，在热闹的场合是见不到他的身影的。他一直非常低调。在这个浮躁的年代，低调是一种高尚品格。"

（原载2020年5月12日《澎湃新闻·上海书评》，作者为田余庆先生之女）

以学术研究为宗教

胡宝国

12月25日清晨,田余庆先生突然走了。最后一次见到田先生是在10月6日下午,我和陈爽一起去看他。那天师母生病躺着休息。临走时,田先生一定要叫她起来和我们告别。时间已近傍晚,因为没有开灯,房间有些昏暗,大客厅里空空荡荡的,只有两个九十岁的老人,让人感觉有些凄凉。师母跟我说,要多保重啊。当时我还想,我这岁数还不到要"多保重"的时候吧。可是没想到,不到二十天我就心梗住进了医院。送我们时,老两口站在门口,说什么也不肯关大门,一定要看着电梯关上门。这在以前是没有过的,太正式了,正式得有些凝重。我没有和陈爽说什么,但实际上心中是有一丝不祥之感的。11月我出院后,10日晚上先生又来电话,嘱咐我多休息,不要太用功,晚上看看电视,哪怕是《动物世界》。他不知道,我根本就不是那么用功的人。因为住得远,很多年来我和田先生多是电话联系。这就是最后一次了。

这几天,关于田余庆先生的学术贡献,网上有很多介绍。他很谦虚,曾经跟我说,我没有什么不得了的贡献,只是研究上有些特点而已。到底是什么特点?他没有具体说,我也没有问。之所以不问,是因为我心里自认为是明白的。

在我看来,他在学术上主要有三个特点。第一是细密。我以前在《读〈东晋门阀政治〉》一文中说过:"他的性格是从细节出发,追求的是不缺少任何中间环节的完整链条。"魏晋南北朝保存下来的史料少,要实现这样的追求,便不得不细密,不得不努力在只言片语、字里行间发现问题。这是很辛苦的工作。在年近八十的时候,他还用这种方法去研究资料更少的北朝历史,写出了著名的《拓跋史探》,真是令人叹服。

他的第二个特点是研究中没有预先设定的解释模式,一切从实际出发。我曾经说过,他在追寻历史线索时与陈寅恪很不一样,"陈寅恪先生也是在寻找历史线索,但从深层次上看,他有时实际上不自觉地是要用历史的线索来证明自己的理论。他有理论先行的嫌疑。而田余庆先生则不然,他没有预设什么,他只是一心一意地寻找历史内部真正存在的线索。如果找不到,他宁可沉默"。在评论他的《拓跋史探》时,我又说:"在解释历史现象时,研究者很容易急切地求助于'规律'、'趋势'来加以说明,他却反其道而行之,一再向'具体'索要答案。"他的这个特点是非常鲜明的。正是有了对"具体"的一再追问,使得他总能提出有自己特色的问题。我观察,一流的学者大多是如此。他们是问题的发现者。他们讨论的问题常常就是自己发现的,而不是跟在别人的问题后面讨论。

二十世纪五十年代成长起来的学者往往受当时流行的理论模式影响很深。田先生也不能完全避免,他在《东晋门阀政治》一书的"后论"中专门有一节讨论"门阀士族的经济基础"。这正是时代的烙印。在我看来,门阀士族与"经济基础"关系不大。但是,必须强调的是,在这一代人中,他是受僵化教条影响最小的学者。一般研究者最容易犯的错误就是所谓"从理论出发"。"从理论出发",提出的问题有时其实是假问题。用"理论"来解释"具体"则常常会掩盖了真正的历史原因,并进而把"具体"变成了"理论"的注脚。他很特别,那些理论他当然很熟悉,他也并不排斥理论,只是他很少用理论来解释具体问题。他提出问题、解释问题总是从史料出发，从具体的历史情境出发。可以说，他在相当大的程度上自觉地摆脱了理论框架的束缚，从而为自己独立的思想赢得了空间。

除了上述特点之外，其实他还有一个最根本的特点，他不是那种匠气十足的"书呆子"型学者，而是一个有着深刻思想的学者。他曾经告诫我们学生，研究工作中"要注意排除反证，没有反证的问题是简单的问题。复杂的问题往往有反证"。他还说："要注意不重要的时期，因为重要的时期是从不重要的时期发展过来的。"这些话看似平淡，但极耐人回味。我们读他的书常常感觉到很有味道。这"味道"从哪里来？我想，除了他一流的文笔之外，更重要的就是来源于他思想的深刻。他因思想的深刻而展现出了独特的魅力。我发现，有的年轻人写文章诚心诚意地想模仿他，但总感觉不伦不类。这是因为他那独特的思想近乎一种天赋，而天赋当然是不能模仿的。

1986年，我陪他去烟台出席第二届魏晋南北朝史年会。会议期间他生病住院了。在医院病床上他跟我聊天，特别强调说，你还年轻，写文章不要追求数量，也不要追求职称，要追求境界，追求一生在学术上所能达到的最高境界。这次谈话对我触动很深，一直牢记。什么是境界？他没有解释。但我似乎也能明白一些，以《东晋门阀政治》为例，他虽然详尽地讨论了一百年的门阀政治史，但却始终清醒地认识到门阀政治只不过是"皇权政治的变态"而已，因而只是暂时的，历史终将回归到常态的皇权政治。因为讨论的是东晋的历史，他的注意力当然是在南方，但全书写到最后，他却说："从宏观来看东晋南朝和十六国北朝全部历史运动的总体，其主流毕竟在北而不在南。只是北方民族纷争，一浪高过一浪，平息有待时日，江左才得以其上国衣冠风流人物而获得历史地位，才有门阀政治及其演化的历史发生。"一般研究者，常常是自己研究什么，就强调什么重要，甚至会强调到过分的程度。但是田余庆先生却不是这样。他超越了自己的具体研究，站在了一个更高处俯瞰全局，寥寥数语正展现出了一个杰出历史学家的理智与境界。

记得余英时先生曾经说过，钱锺书先生是以读书为宗教。借用此表达，我们也可以说，田余庆先生是以学术研究为宗教。有照片显示，直到生命的最后一天，他仍然在工作。在很多年的接触中，我对此深有感触。在我和他单独见面或者通电话时，基本话题都是在学术方面。在学术上，他的兴趣十分单纯，不计较别人反驳他的观点。我在读《拓跋史探》的书评中，曾经对他的几个观点表达过质疑。他看过文章后来电话，就这些问题和我聊了一个多小时，兴致勃勃，没有一点儿不高兴。关于《东晋门阀政治》《拓跋史探》我都写了书评，其中都不回避我认为的田先生在学术上的局限性。为此，网上网下都有人夸奖我。其实，我之所以敢那么写，并不是因为我有什么勇敢的，而是因为我了解他。他有着宽广的学术胸怀。如果他是一个狭隘的人，我是断然不会那样写的。

以他的学术成绩、学术地位，他本来可以活得很热闹。但事实上，在热闹的场合是见不到他的身影的。他一直非常低调。在这个浮躁的年代，低调是一种高贵的品格。

（原载2015年1月11日《东方早报·上海书评》，收入《将无同——中古史研究论文集》，作者为中国历史研究院古代史研究所研究员）

田先生的研究具有典范意义

陈苏镇

我认识田先生，是在上本科时。那时他情绪比较低沉，不大爱说话，听说是由于"梁效"的缘故，所以同学们和他接触不多。后来考研，我报了魏晋南北朝史方向。笔试通过后，还有一次简单的面试。考官只有周一良先生和田先生两位，题是周先生出的，共三道，用钢笔写在一张纸上。其中一道是"你为什么选择魏晋南北朝史"，我回答是因为这个方向师资力量最强。这回答有讨巧之嫌，但确实是我的想法。在那之前，我一直想学中国思想史，没在断代史上用过力。考研时选择这个断代，而不是其他断代，主要是冲着老师来的。

另外两道题，忘记具体内容了，只记得有一道题比较大，而我又不太熟，于是天马行空地说了一通。周先生始终笑眯眯地听着，听完也没说什么。后来听王永兴先生的学生说，周先生觉得我的回答有历史感。呵呵！周先生真的很厚道。田先生很严肃地发表了意见，说我试图把相关史实贯通起来，但对具体史实的了解很不够。这是我第一次听到田先生的批评，由此知道他是一位严厉的老师。硕士三年，我跟祝总斌先生，主要做制度史，和田先生没有深入的接触。写硕士论文时，我女儿出生，让我无法集中精力，所以写得不好。答辩时，田先生在场，一一指出论文的不足，并说我没写出自己的水平。这又一次让我体会到田先生的严厉。

田先生的研究具有典范意义

留校任教后，田先生给研究生开设"两汉魏晋史研究"（记不太清了，大概是这个题目），我当助教，跟着听课，并参加讨论。田先生讲的是政治史，其中部分内容后来出现在《东晋门阀政治》一书中。田先生口才极好，课讲得精彩。这段经历让我初步了解了田先生的研究路数，对政治史也有了兴趣。田先生这门课好像只讲了一次。后来听他说，是因为书出了以后怎么讲都觉得没味道。其实，对学生来说，读先生的书和听先生的课还是有所不同的，听课更容易领会先生的思路和风格。这门课是每周一次，田先生自己隔周讲一次，另一周由学生讲，每人一次，题目自定。讲完大家讨论，田先生要进行点评。我也讲了一次，题目是"司马越与永嘉之乱"。这是我写的第一篇政治史习作。田先生看后，在文末写了几句话，说"文章有创获"，建议我修改后发表，还为我补充了一条史料。这让我很受鼓舞。但他把文章还给我时还说了一句："题目分量不够。"这话又让我想了很久，并最终促使我投入政治文化的研究，希望能为政治史研究开拓新的视角，从而发掘出有分量的题目。

我研究政治文化，是从董仲舒的《公羊》学入手的。有了想法但还没动手时，我到田先生家向他做了汇报。田先生认真听了我的想法，说了几句鼓励的话，同时也提醒我："我们历史系的人，在思想史方面缺乏训练。"这确实是个问题。我在本科阶段虽然学过一点中国思想史，但那时的思想史都以哲学史为基本框架，很少涉及经学史内容。经学自有它的体系，是另外一门学问，我在这方面的知识准备几乎为零。不过，也正因为如此，这项研究才更具开拓性和挑战性。经过慎重考虑，我决定花几年时间，以政治史为背景，以解读汉代政治为目的，对汉代的《春秋》学做一番研究。

几年后，我跟祝先生读在职博士，博士论文题目是《〈春秋〉学对汉代政治变迁的影响》。田先生主持了我的论文答辩，并对我的论文给予肯定评价。那次答辩比较特别，不是答辩委员和学生各坐一边，而是大家围坐一圈。吴宗国先生坐在田先生旁边，侧过头去轻声对田先生说，他的意见已经在预答辩时说过了，今天不发言了。田先生装作听错了，大声回应道："哦，你要发言。"吴先生轻声重复了一遍，田先生仍然大声说："哦，你要第一个发言。"大家都被田先生的风趣逗笑了，会场气氛变得更加轻松。田先生说，他一向主张将答辩会开成小型学术研讨会，所以没采取答辩委员提问题、学生一一回答的刻板形式，而是随问随答，其他人也可随时插话，参与讨论。在田先生主持下，那天的讨论的确比较深入。事后有旁听的学生说，那是他听过的水平最高的一次答辩。

田先生在秦汉史领域有两篇重要论文，即《说张楚》和《论轮台诏》。田先生曾称赞唐长孺先生几乎攻克了魏晋南北朝史的所有制高点。田先生这两篇论文所攻克的则是秦汉史的两个制高点，因而发表后得到学界的普遍重视和好评。我的研究也涉及这两个问题，所以仔细研读了这两篇论文。我以田先生的考证和论述为基础，从政治文化视角观察、分析相关史实，提出了一些新的意见。这个过程使我对田先生的研究方法有了更加深切的了解，知道如何处理比较复杂的政治史问题了。我的研究能力由此提高了一大步。在那之后，我又写了几篇政治史论文，感觉比之前熟练了许多，甚至有得心应手的愉悦。想来这都是仔细揣摩田先生的方法又反复操练的结果。

我的研究涉及思想史和制度史，但主体内容还是政治史，所以在写作过程中，田先生的影子常常会出现在眼前。有时遇到困难，还会翻翻田先生的书，看他是如何处理类似问题的。有朋友说，在田先生教过的学生中，我比较像他。听到这样的议论，我很高兴。但我也知道，我学田先生只是学到些皮毛而已。田先生是大家公认的文章高手。他分析问题的睿智和驾驭文字的能力，一半来自勤奋，另一半应来自天赋，而天赋不是旁人能学到的。在当今史学界，特别是政治史领域，田先生的研究具有典范意义。虽不能至，心向往之。我在教学中也常常提到田先生，不仅介绍他的重要观点，也分析他的研究方法和学术风格，希望下一代学生也能从田先生那里学到东西。

田先生一生，作品不算多，但精品率很高。尤其是《东晋门阀政治》《秦汉魏晋史探微》和《拓跋史探》三部著作，都在学界得到很高的评价。这些著作，我都仔细读过，还应白寿彝先生之约，为《史学史研究》写了篇《东晋门阀政治》的书评。当时应下这件事，主要是想借此机会仔细揣摩一下田先生的研究方法。我那时还年轻，在政治史研究方面缺少实战经验，因而对田先生的理解还很肤浅，书评也写得比较幼稚。值得一提的是，田先生在给"门阀政治"下定义时，说"门阀政治，即士族政治"，又说"严格意义的门阀政治只存在于江左的东晋时期"。这与学界流行的将整个魏晋南北朝时期的政治都视作"士族政治"有所不同。我在书评末尾，就此提了一点看法。田先生看了书评初稿，回信说"有批评意见，这增加了书评的公允度"，并表示要再思考这个问题。后来田先生又对我说，有台湾学者发表书评，也提到"门阀政治"定义问题，并说："两篇书评提到同一个问题，说明这里确有问题。"若干年后，《东晋门阀政治》再版，田先生做了改动，并在《第二版序》中写道："《自序》中曾说门阀政治即士族政治，正文中也有类似的提法，这个提法易生歧义，再版中删去了。"通常情况下，学生给老师写书评是不写"批评意见"的，但我还是写了，因为我知道田先生是大学者。大学者都有大胸襟，不会因学生提出不同意见而不快。相反，他们会期待和鼓励后学登上自己的肩膀，去触摸新的高度。

田先生走了,但永远活在我的心中。

(原载 2015 年 1 月 11 日《东方早报·上海书评》,作者为北京大学历史学系暨中国古代史研究中心教授)

田余庆先生印象

辛德勇

田余庆先生离世，门生故旧纷纷撰文悼念。我与先生接触有限，追忆往昔，只有很少几个片段的印象。

第一次登门拜见先生，是为接收一名田门弟子到历史所工作。我们相向而坐。先生讲话很少，大大的眼睛里，投射出审视的目光。我感觉，这道目光，在落到我身上之前，还穿透过很长一段岁月。这样的场景神色，直到今天，仍历历在目。这是我感受颇深的一次经历。

先生《代北地区拓跋与乌桓的共生关系》一文写成之后，由于篇幅较长，一时找不到合适刊物发表。当时我正在《中国史研究》主编任上，听说后马上求来，并当即发稿，为刊物增光生色。人生老年得子，往往格外爱惜，学者为文似乎也是如此。在发稿前后和先生的通话中，我感觉先生对这篇文章瞩望殊深，想尽早面世，看到学术界的反应。

入室弟子为先生举行八十寿庆座谈会，先生请人转告，安排我也参加。这自然是很荣幸的事情，觉得自己为人为学有些基本的东西，或许得到了先生的认可。这一天，先生很动情，吟诵了前晚写的一组诗。说句失敬的话，从文学色彩和古诗素养两方面看，诗写得并不太好，但情感勃发，淳朴真挚。并不是所有老人，都能返璞归真。

田余庆学记

和先生最亲近的接触，是有一次在昆明参加学术会议。晚饭后陪先生散步，先生突感心脏不适。我架住先生在路边稍事休息，待状况平复后，又搀扶先生慢慢走回宾馆房间。这时候的先生，只是一位需要有人照顾的长者，看晚辈的眼光，温厚柔和。

近七八年来，因与先生同居一个小区，时常会遇到先生在院子里散步。大约是在两年前，先生很关切地说，你这些年写了不少文章，这很好，但年纪也不小了，应该考虑选择重大问题，写一两部放得住的书。

先生的关切，让我十分感动，也深知先生所指示的正是大学者应该走的路径。只是我天资驽钝，而且生性顽劣，读书做学问，不过满足好奇心而已，从来没有什么抱负。我们七七级上学时校园中有一句流行语："不想当将军的士兵绝不是好士兵。"把它套用到学者身上，就是"不想当大师的学者绝不是好学者"。如果说我在年轻时对自己也曾有所期望的话，那么，能做一个不太蹩脚的匠人也就心满意足了。

先生已经身患重病，还为我谆谆指点学术前程，实在没法跟先生谈这些不着调的想法。同时，也不便汇报自己在一些具体问题上与先生不同的看法。

2015年2月11日记

（本文为《制造汉武帝》一书代后记，又收入《那些书和那些人》，此据后者，作者为北京大学历史学系教授）

一位严格又和蔼的老师
——田余庆先生

荣新江

12月25日,田余庆先生以九十高龄去世。在八宝山的灵堂里,他安详地躺在那里,留给我们的,是值得珍惜的许多回忆……

我不是田先生指导的学生,但从二十世纪七十年代末期起,有机会受到他的种种教诲和多方关照。回想起来,他在我心目中,既是一位严格的老师,时常鞭策我们求学上进;又是一个和蔼可亲的长者,帮助爱护我们在人生道路上稳步成长。

说田先生是一位严格的老师,有一件小事我一直记忆犹新。1984年我的导师张广达先生给我找到一个机会,在我研究生学业的最后一年里,去荷兰莱顿大学汉学研究院,跟从许理和教授学习一段时间,同时收集我的硕士论文资料。作为一个在读硕士,当时办理出国手续很不顺利,断断续续拖了一年。费了九牛二虎之力,我终于得到教育部相关部门的批准。一得到消息,我就赶紧去办各种手续。我向当时的历史系主任田先生提交了一份简短的申请,田先生拿起来看了一眼,一句话没说,拿起一支笔,把中间的一个字圈了一个圈,退回给我。我睁眼一看,原来匆忙之中,把"赴荷兰莱顿大学进修",写成了"赶荷兰……"。我看着田先生的表情,不敢以这是简单的笔误而做任何解释,只能说是自己中小学没有打好坚实的基本功,在关键时刻就会出毛病。这件小事,让我一直牢记在心，田先生的严肃面容，督促着我在此后的治学道路上，不敢忽视任何一个字，不敢乱说一句话。

其实，我觉得，田先生的严格不仅表现在对学生的要求上，更多地表现在严于律己。1985年我毕业留校，在历史系和中古史中心任教，同时协助老师们做些杂事。我记得第一件主要的工作，就是帮中心主任邓广铭先生编辑《纪念陈寅恪先生诞辰百年学术论文集》。当时，由我来跑腿到各位先生家送校样，再取回来，同时担任校对工作。这个工作，让我领略了不同学者的不同治学风格，而田先生给我的印象就是，一篇看上去相当完善的《北府兵始末》，他每次校样都反复修订。这篇文章我校读过数遍，是对我此后的研究和写作影响非常大的一篇史学论文。

田先生的学术研究，一向是我们年轻人的学习榜样，他的名著《东晋门阀政治》，我们在上研究生的时候，听过一学期相关内容的课。就像周一良先生说听陈寅恪先生课的感觉，"就如看了一场著名武生杨小楼的拿手好戏，感到异常'过瘾'"。但田先生那时候身体不好，有时讲话中一口气上不来，却又呼之欲出，我们都屏住呼吸，静候下文，而他无论如何都会把这句话说完，因为这样才算是一个完整的段落。

田先生的文章和他说话一样，有着严谨的逻辑思维，一环套一环，层层展开。我们读他的著作，也有同样的体验，就是一旦开始，就不能释手，非要一口气看完不可。因为我对《北府兵始末》和《东晋门阀政治》从文笔到内容都至为佩服，所以现在给研究生们上"学术规范与论文写作"课的时候，我推荐给学生们的范文，就是田先生的这两种论著。因为它们逻辑性强，且篇章合理，文字凝练，我觉得前者可以作为硕士论文安排篇章结构的参考，后者可以作为博士论文模拟追求的典范。

一位严格又和蔼的老师

田先生的著作以严谨著称，他的《东晋门阀政治》《秦汉魏晋史探微》《拓跋史探》等等，无不如此。但田先生不满足于自己已经有的成绩，仍然不断修订自己的作品。他大概觉得我比较注意海外汉学的成果，所以一次在他改订完一部著作时，特别和我说：他让学生查阅了我们中国古代史研究中心图书馆相关的外文图书，把和他论文相关的著作都拿来翻阅过了，包括我最近给中心的 Scott Pearce、Audrey Spiro 和 Patricia Ebrey 编的 *Culture and Power in the Reconstitution of the Chinese Realm, 200-600* 一书，因为没有什么特别要提到的，所以也就没有提这些论著。这样一件小事，也可以看得出田先生治学的严谨和认真。

田先生以长者风范，每出一书，都送我一册，修订本也是如此。我翻开手边的《秦汉魏晋史探微》重订本，上面题写着："旧著重订，聊作纪念。新江教授惠存。"在这本书的《重订本跋》中，田先生提到这个重订本有几类改动：一是调换文章，删掉已经作为《东晋门阀政治》一书后论的《论东晋门阀政治》，增补《南北对立时期的彭城丛亭里刘氏》和《彭城刘氏与佛学成实论的传播》两文；二是增删和修改，交代了删改原则；三是更换文题或增设副题，"目的是与内容更贴切一些"。由此可见，田先生治学严谨之风格。

田先生这种严谨的风格，也贯穿到其他学术活动当中。记得他当历史系学术委员会主任的时候，历史系要聘请京都大学谷川道雄先生担任客座教授，他让我准备一份他在聘任会上使用的发言稿，并向他报告谷川先生的学术研究成果。我为此把北大图书馆和北京图书馆能够找到的谷川先生的著作和散在杂志中的论文翻阅了一遍，有些做了提要，然后向他做了汇报。从他的言谈话语中可以听得出来，他也看了一些谷川先生的论著，对于他的"共同体理论"，有自己的看法。因此，虽然我给他准备了讲稿，但他在聘任会上发言时，并没有完全按照稿子来念，而是很严谨、恰当地评价了谷川先生对六朝隋唐史研究的贡献，我听了以后，十分佩服。而和田先生讨论谷川先生的学术，我仿佛又回到研究生时期上他的"魏晋南北朝史"课时那样，受益极多。

说田先生是一位和蔼的老师，是说他对年轻学子的成长，关怀备至。我1984年去荷兰莱顿大学进修只有十个月，走前他建议我，最好继续在那里读一个博士学位。在改革开放初的八十年代，几乎没有人认为学习中国历史也应该去国外念博士。我知道莱顿的导师许理和（Erik Zürcher, 1928—2008）是欧洲最优秀的汉学家，但他那时已经基本上不怎么研究佛教征服中国史了，而热衷于明末入华的耶稣会士，正在研究徐家汇的抄本文献，这些并非当时我的兴趣所在，所以我没有听从他的建议。但这表明，那时候作为北大历史系主任的他，具有超前的眼光和宽广的学术胸怀。

由于专业的关系，我和田先生的接触并不是非常多，但一有机会见面，他总是语重心长地教导我，不要走偏路。记得有一次他晚饭后来我家串门，一聊就是两三个钟头，直到九点多他夫人来电话才离去。他的谆谆教导中对我影响最深的，就是让我在做学问的时候，一只脚要跨出去，一只脚要立足中原。因为他知道我主攻方向是西域史、敦煌吐鲁番文书、中外关系，所以希望我不能脱离中原本土的典籍、制度、文化，并举相关研究西域、敦煌吐鲁番的前辈学者，如冯承钧、唐长孺等先生来作为例子。田先生的这番教导，我深以为是，一直牢记在心，所以也时常分出一些时间来研究隋唐史，并且在研究西域史地、中外关系、敦煌吐鲁番文书时，尽量发挥所把握的中原典籍、制度的知识，把中外学术打通。我用节度使检校官制度，来讨论归义军节度使的称号，并理出判别敦煌文献年代的一种方法，即是从制度着手来研究晚唐五代宋初敦煌的归义军史；我近年来研究入华粟特人，也是要把他们合理地放在中原历史的脉络里去讨论，尽量不要犯"泛粟特化"的错误；我一直坚持与一批同道和学生做隋唐长安的研究，也是让自己不要离开中原。所以，我曾把田先生的这番嘱咐，写在拙著《隋唐长安：性别、记忆及其他》一书的小序当中，奉为座右之铭。

田先生虽然仙逝，但他的教诲永存……

（2015年1月2日完稿，原载《上海书评》第313期，2015年1月11日，第5版，作者为北京大学历史学系教授）

望之俨然，即之也温
——怀念田余庆先生

徐 俊

在没见过田先生之前，对田先生的了解主要来自几位朋友讲故事般的叙述，有所谓"酷吏"之称，留给我的印象似乎是严肃得可怕。照片中的田先生通常紧收眉头瞪大眼睛，更增加了一般人少有的威严。后来有机会在不同场合见到田先生，得到的印象完全不同，"望之俨然，即之也温"，也许是人到晚年的缘故吧。

印象最深的两次，一次是朗润园祝总斌先生论文集出版及八十寿庆，一次是中关新园田先生九十寿庆。九十寿庆座谈会上，田先生逐句解读自己十年前的八十自寿诗《举杯歌》：感恩，回眸，虚中，共进。当时给我的感觉，无论是风度还是情志，当世罕有可比，起码在我接触的老辈学人里着实少有。

近年常听到田先生住院或生病的消息，但每次去家里看田先生，却完全没有九十岁人的老态。田先生说自己脑力不够，注意力集中不会超过二十分钟，但言谈间仍反应敏捷，目光逼人。有时候他还会问："你没有急事吧，我们多聊一会儿！"一次，田先生收到一套多卷本的北朝史著作，聊天时特别打断前面的话题，问我你们出版界怎么看这样的大部头书。最后一次见田先生是2014年春节前，围坐在沙发边，田先生对着一幅院系调整前老北大历史系教师合影，邓广铭、向达、张政烺……一一讲述其中的人和事。田先生最初在湘雅学医，知道我女儿也学医，大多数时候我已经忘了这之间的关联，但田先生每次都会提起这个话题。告别的时候，田先生必定会喊里屋的师母出来打招呼送客，这样老派的礼数，让人觉得温暖难忘。

了解田先生，是因为"二十四史"修订的机缘。田先生应书局邀请，担任审定委员。按照最初的计划，每一史的审定，都要有一位断代史权威学者领衔，两汉魏晋南北朝史，田先生当然是不二之选。起始阶段最关键的工作，是各史修订方案的制定，除了原点校本的共性问题外，最要紧的是如何处理和把握各史的特殊性，包括修订底本选择、入校范围、校勘取舍和今人成果等。田先生参与并亲自主持了两《汉书》、《晋书》和南北朝诸史的方案评审。当时，对于《汉书》修订底本的选择有较大争议，主要是我们对宋元以来《汉书》版本缺乏系统试校，对不同版本中宋人校语的多寡差异及形成过程没有准确认识。在田先生的主持下，经过充分讨论，给后来的版本选择，留下了切实可行的调整余地。

2006年4月，在"二十四史"修订专家论证会上，田先生用"有誉无毁"评价点校本，并且说"无毁"不是没有缺点，只要是认真读这部书的人，在研究过程中，都会发现一些问题。田先生还说，关于"二十四史"及点校本的校订，除了见诸专书和专文外，还有很多隐含在学者论著论文之中，要修订者留意，还举了例子，包括他自己读书所得。关于人选，田先生特别强调了既要发挥老学者的作用，也要注意吸收年轻学者参与。他说，"修订工作要给年轻人一些机会，要努力发现那些对这个工作有兴趣、有成绩的人"，打消了我们在人选资历方面的很大顾虑。

第二年5月，第一次修纂工作会议在香山饭店召开，会前经过调研，近一半的史书已经有承担人选，还有大部分没落实。大会结束后，我去大堂送别与会的先生，田先生特地把我叫到一边坐下，说要跟我说一件事。田先生说，"二十四史"点校的时候，我们北大历史系没有参与，当时周一良先生等主要忙于教材编写，南北朝"二史八书"，都由武大、山大承担，对北大来说是个遗憾。点校没参加，希望不要错过修订。当时我正苦于修订主持人的遴选，田先生的一席话，让我既意外又激动。后来，除了《晋书》确定由历史系罗新担任主持人外，田先生还曾就《隋书》的修订，与祝先生和阎步克、叶炜等商量，希望能够由历史系承担。最终因为其他原因，没有达成，田先生为此还特地给我电话做了解释。田先生的态度，给了我很大的信心和启发，一部重要史书的整理，其意义不只在其书本身，还在于优势学科的建设和长期的影响，这也是"二十四史"修订获得学术界积极响应的原因。最终北大历史系承担了《汉书》《晋书》《辽史》《元史》四史修订，给了我们最大的学术支持。

田先生很少参加学术会议，随着年事渐高，参加得更少。2011年6月，《唐长孺文集》出版，书局与武汉大学在京联合召开出版座谈会，我去请田先生参加，田先生说，别的会可以不参加，这个会一定要去。会上田先生即席发言，围绕历史研究，讲了武大与北大的关系，讲了他与周一良先生共同商量的唐先生挽联，讲了1984年到成都参加魏晋南北朝史学会成立大会，回程特意到武汉拜见唐先生，"朝了峨眉，再朝珞珈"。田先生高度评价唐先生的成就，称他接续陈寅恪，竖立了一个新路标。我们把会议发言整理成文，我又做了一些删改，以使文字更加整饬，才请田先生过目。当我拿到田先生改好退回的稿子时，我当时的心情，用"惊叹"二字绝不为过。田先生先用铅笔改过一遍，又用水笔再确认改定，密密匝匝，满纸粲然。田先生的认真我早有所知，但对一篇座谈稿如此用心，给我很大的震动。后来有机会看到田先生《拓跋史探》的修订手稿，可知求精臻善的精神，是始终贯穿在他的学术之中的。

田先生的史学成就，非我所能评述。田先生对学术的态度，值得我们铭记和发扬。我以为，田先生1991年在《秦汉魏晋史探微》前言中最早说到的八个字，最能体现他的学术品格："学有所守"，"宁恨毋悔"。正如他所说，读来浓郁沁心，极堪回味。

2015年元旦急就

（原载2015年1月9日《文汇报·文汇学人》，作者为中华书局总经理）

追求独立超然的学术境界

陈　勇

2014年12月25日，是一个令我刻骨铭心的日子。这天清晨，田余庆先生永远离开了我们。

田余庆先生是我的岳父，也是我的博士生导师。我父母与岳父母是西南联大和北大的同学，自我二十世纪七十年代末上大学、进入历史系时起，我岳父身上，似乎就承担了两个有着几十年亲密关系的家庭和四个老同学对下一代教育的重任。

大概是出于上述背景，他对我读书、写文章一直要求很严。记得二十世纪八十年代末我做博士论文，文章写得相当马虎。他那种焦虑而失望的神情，我至今记忆犹新。

印象中他总是在批评我，很少表扬，仅有的一次，是我从学校毕业三四年后，写了一篇关于光武帝"退功臣进文吏"的文章，他看后说了一句"够得上博士水平"。现在博士已经是多如牛毛了，"博士水平"也算不上什么高标准。但对我来说，他那句话却是莫大的褒奖，让我兴奋了好几天。

从那篇文章发表之后，又过了二十年，其间，我总想写一篇能让他满意的超出"博士水平"的文章，却始终没有如愿，他的突然辞世，使我永远失去了那样的机会。学生们送的挽联，说是"纵有一得竟谁呈"，好像也是为我写的。想到这一切，我觉得心如刀绞。

我对岳父的学术，本来不宜发言，因为家人的立场特殊，难免有溢美之嫌。但我毕竟又是他的学生，师兄弟约好一起写文章怀念老师，我觉得不容推辞。

宝国兄归纳我岳父的学术特点，我觉得说得很好。胡文是从大的方面立论，我还有两点具体的观察。

一是注重政治进程的动态发展，不变之中的变化。譬如关于门阀政治的研究，中外学者大多主张门阀政治贯穿六朝甚至整个魏晋南北朝的历史。他则选择了一种新的视角，以中国古代长期形成的皇权政治传统为背景，在大量考证的基础上，揭示门阀政治的本质是"士族与皇权的共治"，是"一种在特定条件下出现的皇权政治的变态"，并认为"严格意义上的门阀政治"只存在于江左的东晋时期，孙吴、南朝以及北朝都不在此列。从不变中揭示变化，门阀政治这类历史现象，就不再是静止的形态，这或许是《东晋门阀政治》一书给人的另一种启发。

二是注重历史发展中各种因素的共同作用。在他眼中，历史的发展是许多人、事交织在一起，是多重力量互相影响的结果。他的目的，就是想找出这多种人、事，多种线索之间内在的联系。他的发现，也常常是别开生面。举一个人所熟知的例子：道武帝时期的离散部落与子贵母死之制看似无关，他的分析却告诉我们，二者其实是内蕴相通的，后者是前者的后续措施。他甚至提出：冯太后得以长期专权，恰恰是由于充分而巧妙地利用子贵母死制度压制了对手。

我感到他时时有一种警惕，担心在自己的研究中会把复杂的历史给简化了。

学生们的纪念文章，往往提到他处世低调。我想他在学术上的低调，可能是出于一种自觉。他曾经说，他在学术上是"先天不足"的（原话记不清了，"先天不足"是我的表述）。这主要是指他回到北大教书即二十世纪五十年代初以后的近三十年里，由于各种政治运动接踵而来，政治性活动占去了他大部分时间，个人读书、从事学术研究的时间十分有限，久而久之，学术积累严重不足。我猜他自认为"先天不足"是有所参照的：和他老师辈相比是如此，和他海外的同辈相比也是如此。

他在学术上的兴趣本来很广泛，当年也写过像《秦汉魏晋南北朝人身依附关系的发展》那样侧重于经济史、侧重于理论探讨的文章，但最终他只是选择秦汉魏晋南北朝这个相对狭小的段落落笔，研究的路数也主要侧重于政治史方面。

回顾我岳父的学术生涯，并没有留下什么纵跨整个王朝时代、横跨各个人文社会科学学科的成果，但在秦汉魏晋南北朝历史的研究中，他的学术文字颇为集中，提供了大量成体系的新见，并有可能推动学界后续的追索。他将广泛的兴趣和多领域的探讨，限制在自己能够比较自如驾驭的空间，除去对某类问题兴趣更大的原因之外，我猜还有一个原因，就是出于上文提到的对于自身积累不足的自觉，是在学术研究中有意的量力而行。

大约一个月前，我陪他在院子里散步，走了一圈又一圈，直到他走累了，坐到路边的椅子上。他跟我聊了很多事情，那也是我们最后一次长谈。印象最深的，是他说到五十年代作为"党内专家"受到的严厉批判。他说，其实到了后来，批判者和被批判者都不知道批的是什么了。但那次运动的冲击，使他深为震动，他转而追求一种独立、超然的学术境界，那是一个重要的契机。

宝国兄说我岳父思想的深度来自天赋，冥冥之中的事情我不敢妄加评论。但是依我所见，他提出的各种观点，大多并不是一蹴而就的，都是经过了长期而艰苦的思索。他的习惯，对于任何出自自己笔下的文字，都一再斟酌、反复推敲，既是在琢磨准确的表述，更是在完善自己的思想。

  他的睡眠一直不好，安眠药吃了很多年。我猜那也是由于他一直在不断地想问题，尤其是那些可能已经想了一整天的学术问题，夜以继日，苦思冥想，他的自然睡眠就被蚕食掉了。

  他去世后，我在医院看到他时，他显得十分安详，就像睡着了一样。我甚至觉得，一旦安眠药药力消退，他随时都会醒来。

  他走得如此突然，桌上他最后一天读过的书，就那样摊开放着。我站在他的桌前，多么希望再听到他的声音，哪怕是一句批评。

（原载 2015 年 1 月 11 日《东方早报·上海书评》，作者为中国社会科学院民族学与人类学研究所研究员）

属于我们这个时代的史家

楼　劲

12月25日晨,电话里传来田余庆先生猝然去世的消息。虽明白这是寿者之逝,却仍终日悲不能已。猝死在感官上或触动较小,但在精神上,面对不及告别的世界,刹那间可能也会有深的苦痛。作为史家,田先生于亲人,于世情,于整个世界自会多一分感知,而作为我们这个时代的杰出史家,田先生一生又更多地集聚了其中的悲欣,这都不能不令人细味而思绪如潮。

史家命运与时代休戚相关,田先生晚年亦萦怀于此。其《〈代歌〉、〈代记〉和北魏国史》一文,论至当时政治与史官遭逢及其史风沉浮之关联,即于历代史家的共同困境再三致意。田先生的《八十自寿》四首,历尽风雨后的淡定与守望中,也浸透了时代对史家的强烈影响。在现代中国的历史潮流下,家国存亡兴衰、个体悲欢离合,解放与束缚、赋予与剥夺,错综交织,旧死新生不绝。而身为史家,因可理其脉络而明其底蕴,更可臻于觉悟而放思未来,但既身处一波又一波复杂变动的时代,遂不免少年春风而壮岁悲秋,或晚来偏安而幼时丧乱。故从身体、情感至于心志,莫不历经磨难,多遭坎坷,虽出处有别而际遇不同,然其认知与存在之相去悬远,所思与所著之难以无碍,心头尤多冲突而创巨痛甚,其致一也。

田先生当然是属于我们这个时代的史家。这是因为他与我们的亲近,与我们一起走过了二十一世纪中国这开头十几年;更是因为

属于我们这个时代的史家

他的著述与我们这个时代的起伏紧密相连,他的思想代表了我们对这个时代的感知和体悟。现在回想,田先生已近衰朽的身体,与我们一并承受了这个时代特有的喜怒哀乐,又当具有何等强大的情感和心志?近十年来我到田先生家受教问对,次数不少,每提及二十世纪八十年代初时气象,他都会说:那真是"活泼泼的思想"!有一种青年般受到召唤的欣喜。他最敏感于那些专制的、等级的、世袭的东西,总能一眼见其来自旧时代的污浊,并以"很腐朽"一言以蔽。我总觉得,田先生内心早有一个古今贯通的历史框架。延续两千多年的老大帝国向现代迈进,围绕中国向何处去这个根本问题,各种理念和实践及与此相连的集团反复冲突、平衡,遂以至今。而他对此的观察,确是始终放在整部古代史基础上展开的,也仍继续带着他最为精熟的政治史和集团分析印记,不过其旨趣递进,也早远不止此。证诸田先生史著,从《东晋门阀政治》到《拓跋史探》,他的研究自南而北愈趋深邃,运思行文则从畅达明丽转为沉郁伤感,更极其醒目地出现了文明与野蛮、共生与发展、物质增长与精神痛苦等新的主题。对于这样的转变,田先生自己形容是"趑趄而进",而催驱他暮年衰病仍不断思考、突破、升华的,不正是因为我们的时代已面临着这些根本的挑战么?

若论身为史家而与同时代人共命运,或因治史明事而心头尤增曲折跌宕,田先生与历代史家、与我们这个时代的史家并无区别。要说不同,只是因为他的杰出。历数古今中外学者,同处艰难竭蹶,同受时代局限,惟杰出者能于山穷水尽处突破,也惟杰出者能在更大的磨难中埋下种子,积蓄养分,开出更加绚烂的思想花朵。作为我们这个时代的伟大史家,田先生的杰出,不仅体现于他的著作,更在于他学术生命的澎湃,尤其是他晚年独具的巨大定力、原创力和一系列突破,使他无愧为二十一世纪中古史界反思开新的奠基者。

北京近年雾霾愈多，田先生已很少外出，蓝旗营小区他家那间朝北的书房，已是中古史界所有青年才俊最为向往的地方。我曾向田先生提起此事，戏称为"生不用封万户侯，但愿一识韩荆州"，他脸上竟有一丝羞怯的不安。田先生表情威严、眼神锋利，是很著名的，这与他的宽厚、谦逊有反差。他也经常流露出童真，与观尽沧桑的睿智和悲悯同在，这是我最为欢喜赞叹的一点。在一个时代占据重要一席的学者，不仅其成就和道路无法复制，在生命征象上往往也甚复杂而独特。田先生于圣诞日去世，2015年就要来临，周围一切如昨所见，夕阳透过薄雾穿进窗户，他案头摊开的书上眉批灿然。那些聆听他教诲的日子恍若重现，每当光影逐渐黯淡，告别时先生笑容生动地挥手，这一幕幕已再不可得而永留我心。

（原载2015年1月11日《东方早报·上海书评》，作者为中国历史研究院古代史研究所研究员）

历史学家与古人对话的智慧

何德章

去年 10 月 17 日，借魏晋南北朝史学会年会在北京召开之机，与师弟李万生一道看望业师田余庆先生。先生让我们进书房，虽行动稍有不便，仍亲自取来杯子，在茶杯中放好茶叶，要我们自己沏上水，然后开心地聊了近两个小时。先生谈锋甚健，对外间新鲜事以及学界近况，尤所关切。当时我暗暗庆幸，先生虽九十高龄，思维仍如此敏锐，享百年高寿，当不是问题。

12 月 25 日晨，陈爽师弟突然来电话，声音颤抖地述说先生已经远行时，我仍不免一时反应不过来。生老病死，人生谁也不能逃避，一切都在预料之中，一切又都那么突然。想上次临走时，先生问起我刚上初中的小女，回忆起上一次小女到先生家中时的可爱之状，希望有空再带来玩。现在真是后悔，为何回家后，未能即带小女前往，非要守与先生所做寒假之约。

在追悼会后的同门小聚上，阎步克师兄感叹先生一生学术有品位，走得也有尊严，引起在座诸位的共鸣。毕竟，先生突然离世，免去了人生最后时刻常有的辗转病榻，无需经受医生知其不可而为之的百般诊治，无待他人真情或者假意地奔走探视。从这个角度说，先生突然远行，未尝不是他治学态度的人生表达："宁恨毋悔。"先生的一生，未必完美而无遗憾，但走得安然，没有后悔！

由于媒体的发达，一位以枯坐书斋为乐事的历史学家去世，各大网站纷纷报道,俨然成了社会新闻。先生事事低调,如天上有知,一定极不适应。至于有的报道上说先生"是魏晋南北朝史研究领域的扛旗人物",先生一定会大以为不可! 1994年武汉大学唐长孺先生去世,田先生与周一良先生合制的挽联说:"义宁而后,我公当仁称祭酒。"古时的"祭酒",按现在的话说,就是"旗手"。我想,对于"旗手"之称,田先生断不会欣然受之的。

1992年初夏,我即将于先生门下毕业,去向未定,但心中想留在"居大不易"的京城则是肯定的。那时还没有博士后一说,但先生听说武汉大学中国三至九世纪研究所愿意接纳我,极为高兴。为了劝我下定决心,先生给我讲了他1984年与周一良先生赴武大拜见唐先生的逸事:在四川成都开完中国魏晋南北朝史学会成立大会后,返京机票、火车票都未订到,只能先赴重庆,再坐船顺江而下,顺道至武汉大学看望未能与会的唐长孺先生。

书房小晤后,唐先生陪他们俩缓步而登珞珈山,田先生有感而发,说此行先登了峨眉山,又得登珞珈山,拜见了唐先生,真称得上是"朝山"。先生当时给我讲这个逸事,是表达唐先生是他景仰的一位大学者,如果我能前去工作,便有可能跟唐先生继续学习,机会可遇而不可求。同一件事,后来在唐先生书房中,也听唐先生亲口说起。

唐先生对我讲起这一逸事,是要表达"田先生真是谦虚"的意思。再后来,在田先生的《师友杂忆》一书中,读到了田先生对这一逸事的文字叙述,只是"朝山"一语产生的具体场合,由两位先生口中的登山途中,变成了学术报告会上。我想,此语实当发于登山之时,随后讲座之时,田先生也一定再次以这种方式向唐先生致敬。后世若有好事者求证这一逸事,当不至于以为田先生文字表达的才是"正史",才是真实,而我在此的转述只是"野史",绝不可信。

之所以不厌其烦地叙述这样一件小事，主要是说，在田先生看来，陈寅恪先生之后，真正能扛起魏晋南北朝研究大旗的，非唐先生莫属。唐先生比田先生大十余岁，尚不成一代之隔，但唐先生1946年已是"部聘"教授，田先生获聘教授，晚了近半个世纪，唐先生1955年出版论文集《魏晋南北朝史论丛》，奠定了他在学术史上的地位，而田先生1989年才出版《东晋门阀政治》。

在这个意义上说，两位先生学术年龄上的差异，则远不止一代。田先生在《唐长孺文集》首发式上的发言，题目定为《接替陈寅恪，树立了一个新的路标》，并说"自己在学术方面受惠于唐先生的很多"。还说："经过唐先生之手，几乎把魏晋南北朝史研究的制高点一个一个攻占了。也就是说，他对魏晋南北朝史的所有重大问题都做过研究，发表了许多独到的见解。"田先生的这些话，曾在书斋多次与我们学生说过，乃由衷而发，并非场面虚语。

唐先生、田先生，年龄相差不到一代，但各自做出代表性的学术成就，则相去数十年。这当然不能归因于个人资质、勤奋度或者家学、师承关系，而是时代造成的。这里不必去究诘时代如何造成了人生与学术悲剧，但田先生年至花甲，几至退休年龄，才真正有机会潜心于学术研究，他自称为"晚学"，则是事实。否则，以先生眼光之敏锐、文字之绵密，如无世事纷扰，一直有条件致力于学术，早年便成名成家，当是意中之事。然而，也正是时代的影响，使田先生的学术成就，不只体现在他所完成的学术文本上，在这一意义上，说先生是他所处学术时代"魏晋南北朝史研究领域的扛旗人物"，也不为过！

政治思想上扭转时代进程的拨乱反正，始于二十世纪七十年代末，但由于远不止一代人所经历的学术传统断裂，以及与域外的长期隔离，史学领域中的"拨乱反正"，远不如政治上那样立竿见影。

八十年代前后，最初几届选择史学作为专业的大学生，大体上都经历过无书可读的尴尬。就当时的史学方法来说，要么归纳类似材料，作一些浅层次的分析，眼光大多甚至不如清人赵翼；要么受惯性驱使，仍旧热衷于讨论农民战争、土地制度、社会性质，只是少了些用"语录"进行的按断；或据新近引进却未能甚解的域外方法，充塞一些史料，张扬起"新史学"的大旗。在这种情况下，田先生在八十年代发表的一系列论著，异军突起，不只使魏晋南北朝史别开生面，也无疑使当时从事或学习中国古史研究的学者、学生，感受到极大的震撼。

田先生1981年刊出的《李严兴废与诸葛用人》一文，标志着他独具一格的史学研究方法的成熟。诸葛亮在历史上的形象已近于圣人，他以法治蜀，严格而又公平，在西晋时便已由史学家陈寿作出定论："科教严明，赏罚必信，无恶不惩，无善不显。至于吏不容奸，人怀自励。"但田先生根据几条并不显眼的关于"新人""旧人"的史料，勾画出蜀汉政权建立前后不同政治利益集团之间的相互关系，通过几个代表人物的行事与兴废，揭示出蜀汉初期鲜为人知的上层人事斗争与诸葛亮集中权力的过程。

他表示文章意不在评论诸葛亮是法家还是儒家，强调"诸葛亮以法治蜀，主要不是出于他个人的某种思想理论信念，而是着眼蜀国历史背景和社会政治的实际需要"。这实际上也是田先生跳出当时流行的理论先行的史学研究范式，回到历史本身，以活生生的人，以及这些人在具体的政治环境中的活动作为观察对象，探求特定时期的历史真相以及历史发展的自身逻辑。

这种研究方法，贯穿于先生随后发表的《汉魏之际的青徐豪霸》（1983）、《论轮台诏》（1985）、《说张楚》（1989）等论文中，这些也都是为学界广为称颂的史学名作。而最能体现这种研究方法所蕴含的魅力的,当属先生1989年出版的《东晋门阀政治》一书。

魏晋南北朝尤其是东晋南朝,士族阶层享有崇高社会地位,拥有某些政治与经济特权。对这一阶层兴衰过程进行仔细解剖,不只可以加深对魏晋南北朝历史独特性的认知,也有助于了解中国古代历史发展与社会变迁。田先生之前的相关研究,更多将士族作为一个整体,从社会经济结构变化的角度,探寻士族阶层从汉代到唐代形成、发展与衰落的轨迹。对于士族对这一时期的政治影响,以"士族政治""贵族政治"加以概括。在田先生看来,士族真正在政治上呼风唤雨、几个门阀家族轮流执政的时代,只在东晋出现过。而先后执掌东晋中枢政局的王、庾、桓、谢几大家族,其家族的汉代背景或者若有若无,或者主动割舍,因此,就门阀士族与东晋政治特性来说,与其寻找悠远的历史背景,不如从东晋政权形成及东晋一代政治发展过程中去寻找线索。

东晋最先执掌军政大权的是琅邪王氏。那么为什么会是琅邪王氏而不是其他家族呢?这成为田先生探索东晋一朝政治史的起点。通过先生的探赜索隐,在西晋末年宗室诸王互相残杀中,王氏人物与最终胜利者东海王司马越在政治、婚姻以及地缘上的种种联系,浮现出来,他们作为司马越信任的人物,被委以扈从琅邪王司马睿过江寻找战略后方的重任。当黄河流域因少数民族举兵而不可收拾时,他们已在江南打出一片天下。东晋创立过程中,先是司马越、后来是司马睿,为名义上的主导者,但司马睿的政治声望、影响力远不能与司马越相比,也缺乏实际驾驭东晋政权的政治与军事基础,于是实际上主导了东晋创建过程的王氏人物,切实掌握了政治与军事两方面的权力。

但士族不止王氏,在民族矛盾尖锐之时,东晋若要稳定,也必须打起"晋"的旗号,司马氏名义上的主导地位不容否定。"王与马,共天下"的局面,在这样一个特殊的政治历史背景中形成。此后东晋的历史,成了大门阀家族保持对政治、军事掌控,或者颠覆当权家族的这种掌控,将权力转移到自己家族的过程,也是司马氏在其他非当权士族人物的协助下,努力实现皇权稳定的过程。各个人物为"门户私计"粉墨登场,既不愿皇权真正伸张,又竭力利用皇权政治架构下的种种机制,攫取自身利益。东晋并没有因士族门阀当权而脱离秦汉以来皇权不断扩张的政治主线,只是"皇权政治的变态"。

历史发展有没有规律可循,这原本是一个玄远的哲学命题。但历史中的人,并不是总是按照规律行事的。田先生的研究,不再刻意去寻找历史变迁的规律,而是着意描述历史中人的活动。当然,这个"人",可以是个体,也可以是某个群体,如青徐豪霸、北府兵、独孤部族。人的活动自然离不开个人的社会处境、当时制度、地理条件等的约束,对这些事项的精彩讨论,也自然成了田先生论著的有机组成部分。以特定历史场合中的人或人群的活动作为主要的研究对象,讨论其把握自身处境,利用各种条件,趋利避害而造就历史的过程,是田先生史学研究的突出特征。这使得田先生的研究,与陈寅恪先生就"社会阶级"而展开的讨论相比,与唐长孺先生在社会经济结构基础上所作的研究相比,便有了自己的个性。学者在研究中体现出独特的风格,乃是学术具有生命力的关键。

田先生善于从旁人不经意的史料中,读出历史深意。读田先生论著的学人,鲜有不为田先生对于史料敏锐的感觉而折服。《史记》中有《秦楚之际月表》,《汉书》承之而改名为《秦汉之际月表》,一字之改,在先生《说张楚》一文中,演绎成战国至汉代政治史变迁轨迹。东晋前期不与北方匈奴、羯族政权发生外交关系,历史上以东晋当轴者伸张华夏民族气节加以解释。而田先生认为,西晋末年宗王纷纷引外族参与政争，匈奴以及原本从属于匈奴的羯人，处于与司马越敌对的宗王的营垒，由司马越营垒衍生出来的东晋政权，对北方少数民族政权所持的态度，实际上形成于西晋末的政争，与所谓民族气节并无多大关系。

在田先生的论著中，虽也常常对史料进行归类分析，但更多的是通过敏锐的观察，用史学家的眼光，使不同性质的史料，发生内在的关联。这样描述出来的历史，结论不再是某种规律的阐释，内涵却更为丰富，读先生的论著，体会到的不是专家的技艺，而是历史学家与古人对话的智慧。随着检索工具变得越来越强大，历史学者长期以来引以为豪的史实记忆与史料的私家占有，不再显得那么重要，对于史料的认知与处理能力，成了历史学者存在的重要理由。每每听到八〇后、九〇后从事历史学习与研究的年轻朋友，眉飞色舞地言说田先生著作给他们的启迪，这无疑使田先生的研究，具有了更为长久的生命力。

就史学论著来说，有的实在是无需浪费时间细读，有的则需时时诵读，吸收营养，获取灵感。田先生的论著便值得细细品味。读先生的论著，不仅能获得史学上的教益，还能感受到读文学作品似的愉悦。先生写作善于化用文言，长短句相间，段落与节目之间转承有致，逻辑严密，文字优美，甚至能够获得以文学为专业者的叹赏。极高明的文字把握能力，为先生的论著增色不少，却又无因文害义之嫌，这在他同时代史学著作中，并不多见，值得我们后辈认真揣摩、学习。

当然，任何学术研究，都深深地刻着时代印记。就魏晋南北朝史研究来说，与陈寅恪先生、唐长孺先生一样，田先生的研究，也不能说尽善尽美，无可指摘。先生"晚学"而有大成，主要关注的是政治史，对相关历史时期的社会史、经济史、文化史鲜有论述；

先生擅长分疏历史横断面或者说同一时期的人与事，洞彻世道人心，却有意或无意地忽视了历史的纵向观察；由于政治史的特性，对于高层政治中人与事的分析，有时不免有推测过度的嫌疑。这些是田先生学术的特点，有着时代的痕迹，未必是后学必须恪守的研究指针。

先生在他八十、九十寿辰的同仁聚会上，曾两次朗诵过所作四阕《举杯歌》，末句云："后浪汇前波，众生皆不朽。"他希望学术的"前波"与"后波"能够"自然而然地形成长流"。而作为"后波"，我们未必如"前波"那样波涛汹涌，却因"前波"跌跌撞撞地引领前行，少了许多挫折。历史原本有诸多面向，研究历史的学者，谁也不敢说自己把握了绝对真实。拥有更多研究自由与研究路径的后辈，对前辈研究中偶尔存在的疏失，当以汇聚学术长流的心态，予以同情的理解，而不是恶语相加，非要将"前波"拍打在沙滩之上而后快。至于自以为是，以挑战的姿态展开研究，个人以为，亦不可取。一代人有一代人的学术，在智慧这一层面，后辈未必就比前辈具有优势。

在田先生门下受教六年，中间遭遇先生心梗住院，只要先生身体许可，每周一次的面谈从未间断。其间先生未曾谈论史学研究方法，没有进行按部就班的讲授，也基本没有指定必须阅读的书籍。除了我们汇报一周读书心得外，对具体史料的理解与阐释，则是必需的功课。先生也常常将自己已有心得的史料交给我们，让我们去查证、寻找可以印证的史事，予以解说。对我们幼稚的理解，先生每每给予肯定，鼓励我们努力思考。天长日久，我们由最初对史学懵懂无知，慢慢地也有了一些心得。先生则反复转述齐白石对学生的告诫："泥我者死！"他希望自己的学生能够独立思考，选择适合自己的研究路径。

侍学六年，在诸师兄弟中，我个人对先生的严格感受尤深，还深深记得先生对我最为严厉的一次批评。某年春节，我留在学校，新年时去先生家拜年，总觉得不带点礼物不成敬意，于是到商店买了一些点心。先生不仅拒收，还强调师生关系应是纯粹的学术关系，不应有其他夹杂其中。但在后来博士论文答辩完成后，先生当着大家的面，表示有些话要讲。

先生所讲，大意是我年纪不大，便从小地方到了北大这样的学府攻读研究生，透着一种自豪与傲气，必须严厉地管束，才不至于放纵于末流。先生还表示，现在我要毕业了，学业有所进步，他很高兴，但要到外地工作，他心里感觉就像要将自己的儿女送出去一样。因材施教，关注学生的成长，但不以对学生的个人情感影响对学生的正确指导。先生所传授的师道，在日后工作中，我虽未能做得如先生那样好，但一直奉行。先生所带弟子，成长环境有别，个人资质不同，成就早晚各异，但都选择了历史教学与研究作为自己安身立命的职业，并多多少少都有些成就，这也是先生生前感到极其欣慰的事。

皇皇论著，启迪后学；谆谆树人，先生不朽。

（原载2015年1月11日《东方早报·上海书评》，作者为天津师范大学历史文化学院教授）

垂范岂限汉家
——忆田余庆先生

孟彦弘

2014年12月25日一早,陈爽来短信,告知田余庆先生凌晨去世。我有些发懵;上周五,刚随韩树峰、侯旭东拜谒,从十点聊到十二点,老人精神极好。近午,侯旭东来电,商议挽联。我于此完全外行,又想到告别时大家不会留意花圈挽联,就想以"千古"一类塞责。旭东兄颇不以为然。我苦思冥想,想到"探微索隐,循循善诱,受教何止及门"的话。旭东反复斟酌,最终撰成:

> 高明独断,循循善诱,受教何止及门;
> 探微索隐,矻矻覃思,垂范岂限汉家。

初次拜见田先生,是在我读硕士研究生时。二年级吧,我想考田先生魏晋南北朝史的博士研究生。沙知先生就让我读唐长孺先生《魏晋南北朝论丛》及《续编》、周一良先生《魏晋南北朝史论集》和刚刚出版的田先生的《东晋门阀政治》。恰逢人民大学图书馆门前有书展,九折优惠,课间去看,正有田先生此书,于是急忙购下,题记:"九〇、三、十二,购于人大校园,时值迎亚运书展。"沙先生与田先生在北大是前后届同学;五十年代人民大学中国史教研室办研究生班,他们又是同学。所以,沙先生便给田先生打了电话,命我趋府拜谒。

垂范岂限汉家

我骑车到中关园田府，敲门；师母应门，把我让进书房，田先生正坐在书桌后。他说听沙先生讲，我挺喜欢书，问我都买了和读过些什么书。我是喜欢买书，但读的书实在太少，支支吾吾，没能说出些什么。临别，我看他身后的书架有一套七十年代中华地图学社印行的酱红色皮《中国历史地图集》，为显示自己于书较为熟悉，便说重印的绿皮本作过些什么订补之类。田先生没有说话。此后向田先生请益渐多，我想他是不大喜欢这种小聪明式的炫耀的。

1991年的考试，我虽名落孙山，但却与田门的几位师兄弟混得颇熟，特别是陈爽兄，在田先生主持读书班时，蒙他骑车到北师院专程驰告，得以有幸随班在二院108室，读了一学期的《东晋门阀政治》。

田先生的威严，在他的学生中是早著"声誉"的。他们说，田先生不说话，总盯着你，于是，发言者就不自觉地越说声越低，最后在声气几无中，细细地结束了。日后与宝国先生同事，他就戏称，田先生可入"酷吏传"。我随班读《东晋门阀政治》，也有同感。但那时他在大病之后，且已是古稀之年，熟悉他的人都说，他像变了一个人。我所接触的，已经是"像变了一个人"的慈祥老者，望之俨然，即之也温。

那时，田先生正在着手修订该书，拟出第二版。他的修订，是在用十六开稿纸手写的原稿上进行，而不是在初版的书上。稿子上的红笔密密麻麻。我将手稿借出，回家将其修订处一一誊录在我的初版书上。他在再版序中，说这些修订，"有的是更换原来不恰当的资料和完善不周全的论点，有的是修正原稿在抄、排、校中形成的漏误；有的改动只涉及词句，有的则是大段的增补。当然也有删削之处"。出版论文集《秦汉魏晋史探微》，也是一改再改。第一版前言："收入《探微》的文章都经过修改，有的改动很大，甚至重写一过。"修订本跋交代的改动，其中一项是"增删和修改"，"这类变化比较多，有资料性的，有论证性的，也有文字表达方面的"；一项是"更换主题或设副题"，"这类改动都是为了与内容更贴合一些，一般是技术性的，无关文章主旨"。《拓跋史探》的修订本后记："修订本对原书有较多改动，订正了一些使用史料和认知史料的不足之处，另外，也有若干见解上的变动。"我也在责编孙晓林先生处看到田先生的修改，简直可以说是"改花了"。即使是自序或前言，他也是一改再改。

他的论著表达之善、文笔之好，学界是早有口碑的。他常说，"文章是改出来的"。他不厌其烦地仔细推敲，尽可能做到取材恰当、论证周延，表述简捷准确。他常挂在嘴边的一句话，是"要舍得割肉"，劝我们不要枝蔓，将与主题无关的部分尽予删落——被删的部分未必不好或没用，只是放在这里不合适；可以另写文章嘛。他解释道。的确，文章像乱草一样堆在那里，既无章法，又极枝蔓，总是不好。厨师炒一盘菜，总不能把原料都一股脑儿端上来。

周一良先生《我和魏晋南北朝史》谈到了田先生的研究特点："田余庆先生研究秦汉魏晋南北朝史，好学深思。……记得1998年4月20日的日记里边，只有这样一句话：'看田文，苦心冥索，难怪得心脏病也。'盖指其考求北魏立太子后杀其母之制也。"好学深思、苦心冥索，真是再恰当不过的概括。田先生自己也说"我的兴趣在钩沉发隐"——他是要在考订史实或勾勒现象的基础上，探微索隐，追究背后的东西，是要理解历史。在《拓跋史探·前言》中，他谈到陈寅恪的史学研究，认为陈氏是"凭借精微思辨，推陈出新，从习见的本不相涉的史料中找到它们的内在联系，提出新问题，得出高境界的新解释"，并说"在古史研究方法上给了我极大的启示"。田先生的研究也正是以对历史问题的思考深度著称。他常说，不能仅仅是把某个问题考证清楚了，"砸死了"，就行了；要基于"乾嘉"、又不止于"乾嘉"。同时，他又力求"理在事中"，不流于空泛甚至虚妄；很少作纵横几万里、上下几千年式的纵论。他跟自己的一位老同学戏称自己只能说清五百年的历史。《东晋门阀政治》读书班，一次下课，我陪他从二院走回寓所。途中闲聊，他告诉我五十年代与人民大学的一段因缘。这时我向他请教，门阀政治的出现，是历史发展的必然还是偶然；他看我一眼，说这样讨论问题，很容易"飘起来"。

论学，他用得最多的一个词，是"境界"；读书，他说的最多的一个词，是"读书得间"。1991年博士生专业考题，他出了两道简述题，一是《说儒》，一是《甲申三百年祭》，二选一。我当然选的是后者，因为这文章被选入中学教科书，耳熟能详，再不济也能扯几句，而于《说儒》我则一片茫然。事后，有学生说，凡选这个题的，分都不会高。现在想来，一篇颇似政论的文字，与一篇纯厚的影响深远的学术论文，确实不在同一个档次上。他常举前辈学者的名篇名作为例，说他们一出手就是这样的境界，就是这样高水平的著作；告诫学生，起手要高，要高标准，不能把手写滑了，低水平重复。一次，聊及占田课田制，他略一沉思，说这类问题，即使写文章，也无非是在现有的许多解释中多一种猜测而已，没多大意思。九十岁颂寿论文集征稿，我苦于一时无像样的文章，便呈上一篇谈《水浒传》中某句话的理解的文字。论集出版后，一次又是随韩、侯二位到田府聊天，他突然问我，你写了篇《水浒传》的文章，这个工作，你还会继续做下去吗？我以为他要鼓励我，于是说，我再继续读一读，看有没有可做的。他说，这种工作，还需要一个历史学者去做吗？我们还是要做一些别人做不来的工作吧。

他跟学生聊天，常常谈自己对某一问题的想法。有学生问，您这么说出来，不怕别人听到后去写吗？他说，如果别人能写，我就不用写了。言外之意，就要写那种别人写不了的文章。这既是学术研究的自信，也是对学术高度、学术境界的追求。他在《秦汉魏晋史探微》的前言里，特别拈出钱锺书"宁恨勿悔"一语，表达了他对学问境界的追求。这个态度，影响了不少学生。韩树峰兄就说，什么是好文章？就是你看了题目，也不知道该怎么写、该写什么；倘若连题目都从没想到过，更无足论写文章矣。

在《唐长孺文集》出版座谈会上，他说唐先生的著作"有自己的巧思"，并引傅斯年《周东封与殷遗民》中解释《论语》"先进于礼乐，野人也；后进于礼乐，君子也。如用之，则吾从先进"，以及陈寅恪的三篇论文来作比。有巧思，也正是他的追求。胡宝国先生评《东晋门阀政治》，举出他关于晋室渡江的看似相矛盾的材料的处理，即可说明。

他主要是做政治史的研究。"文化大革命"结束，他比别人晚解放两年；之后，才算真正能全力以赴进行研究。那时，他已是望六之人，不能再铺开，而只能就有心得的题目挖深挖透，这就是他常谦称的"守拙"。他在2011年出版的一本自选集的自序里，对自己"文化大革命"结束后的学术作了回顾："重新上路，从重新读书开始。旧史新读，有时能读出新义。学与思结合得紧一点，读书得间，能较快发现新问题，顺利进入研究过程。我秉持的理念，是求实创新。华而不实之作，无独立见解之作，无思想内容之作，趋俗猎奇之作，我都不去考虑。我知道能拼搏的时日毕竟有限，必须量力而为，心无旁骛，特别是在研究范围方面不容扩充。"但他将研究比作钻探，常常告诫学生，要"多挖几口井"，不能只挖一口井，要注意研究的面。

"文化大革命"结束后的三十年，也是他渐入老境的三十年，但他却在迟暮之年，给我们留下了两部专著、一部论文集，总计文章三十多篇、近百万字的学术精品。在质量与数量之间，当然最好是质优且量大；不能做到，就要量少却质优；无量当然谈不上质，但也强过一味追求数量。无质之量，无异于制造垃圾，既浪费纸，也浪费读者的时间。其实，田先生的学术贡献，学界早有共识，不劳我饶舌；我想说的是，他的一些认识、理解或论证，也许在后学看来，有不尽妥当之处，但他沉潜深思、探微索隐的治学态度，对学术境界的追求，却是值得我们学习的。

2000年，罗新兄参加吴简整理，召集在京同好韩树峰、侯旭东兄等，隔一两周聚一次，以讨论新出土的这批材料。第一次商议此事结束后，我提出往田府拜谒；罗新电话联系后，我们一同前往。其时，第三版的《东晋门阀政治》已出版有年，陈爽兄撺掇我向田先生讨要。我在此书写有题记："田先生兴致颇高，从学问聊到时政，十分尽兴。在陈爽鼓励下，我向田先生索此书，先生欣然应允……其间田先生诵诗二句，言学问，可惜他正题字，忘了请他将此二句写下。"也就是这次聊天，我问田先生《秦汉魏晋史探微》一书的题签，才知是出自师母之手。我也随手在该书扉页记道："奇怪的是，罗、陈等门人亦竟不知。"

再往后，随着田先生年事日高，我常随韩树峰、侯旭东二兄趋谒。我无知无畏，常常抢话，成为"主聊"。聊至高兴处，我有时竟会下意识地拍拍他的腿；出来，同往的韩、侯都批评我，太轻佻、太放肆了。我很喜欢去看望他，跟他聊天。聊学术、聊时政、聊掌故、聊八卦，无所不聊，都极有趣。无论为人作学问，他都有极富启发之言。他离开前的那个周五，我们又去拜访。树峰兄跟他开玩笑说，如果依现在的考核标准，您就得降聘为副教授。老人听了，认真地点着头，连声说是，逗得我们大笑。随后，老人说，问题总得想通；

想通了，写作也要讲章法。临别，站在门口，逐一问我们最近在思考、研究些什么问题。他不是把学问作饭碗、当工具，而是视作自己生命的一部分，有着"一个从学的人对学术的一片崇敬之心"。

田先生久负盛名，但极为清醒。他常说，要爱惜羽毛。这是他律己甚严的代称。他在八十岁庆寿会上，赋诗明志，其三有句云"知足庶免辱"。2011年，《拓跋史探》修订本出版，承田先生赐赠；聊天中，他也数次聊及"知足免辱"。当日返家，我即写题记道："田先生八十自寿诗有'知足庶免辱'句，谈话中亦重申'知足免辱'，此可谓智者之言也。"他有这样的名望，却很少担纲组织集体项目或大工程，也没有主编过煌煌巨帙。宝国先生说，他本可以活得很热闹的，但他却选择了低调。

田先生早年是进步学生，但他很早就对政治有所反省。临解放，在风声鹤唳中，他被地下党送出北平，到了泊头，后又随解放军入城。他的大学同学罗荣渠在日记中写道，北平解放了，"听说余庆回来了，忙跑去找到他。他还是那个老样子，没有瘦也没有胖。我问他去后的感想，他说：'牺牲的多于得到的，并且要在我们的内里（不是表面）挖出一块，开始时这是我们感到很不适意的，但是，日子久了，也就慢慢习惯了。'言下彼此都觉得知识分子的改造是很不容易的一种长期训练"。"牺牲的多于得到的"，耐人寻味。1959年，他又在反右倾机会主义运动中被网罗进"党内专家"一案，受到严厉批判。批判持续一两个月，结束时，校领导放出狠话，称再有党员有这样的事，别怪不客气云。其实，批判者与被批判者都不明白所谓修正主义的含义和表现究竟是什么。但这让他尽可能远离政治，至少是不再积极地投入到各种运动和批判中。我常劝他写回忆录，他总说，自己是个普通人，大部分人都是这样过来的，实在没什么可写。我说，大家就想知道作为普通人，当时的所思所想所为，是怎么一步步走过来的。遗憾的是，我们不可能读到这位史家的回忆了。

田先生极会讲话，即使是一些仪式或场面上的发言，也总是既得体又有内涵、有闪光处。这从他的《师友杂忆》里可见一斑。祝总斌先生八十岁庆寿，他出席，当然要讲话。他站起来，用百岁老人周有光刚刚出版的《朝闻道集》为话头，引出他对祝先生的祝福。这真是辞意兼美。

田余庆先生走了。他出生于1924年2月，差不到两个月，就是九十一周岁了。他晚年虽然也查出有膏肓之疾，也常因为这病那病入院查体、治疗，但没有久缠病榻，没有持续地不得不忍受病痛的折磨。高寿而能头脑清晰、生活自理，实在是前世所修。27日八宝山告别时，见到吴宗国先生的夫人，她拉着我的手，说田先生是选在25号圣诞这天离开的。田先生在纪念邓广铭先生的文章中说："先生走得没有痛苦，走得平静，走得尊严，是不幸中难得的幸事，是最大的福分。"2010年6月罗新拍了田先生一张携杖行走的侧影，说"田先生最喜欢，多次说将来要在告别仪式上使用，说这样才'走得潇洒'"。我想，田先生是真正做到了走得平静、尊严且潇洒。

2015年元旦初稿，6日改定

（原刊2015年1月9日《文汇学人》第181期，作者为中国社会科学院历史研究所研究员）

哲人其萎，教泽永存

侯旭东

2014年12月25日清晨，正好是西方的圣诞节，田先生平静地离开了我们，去了天国。田先生走得没有痛苦，可谓功德圆满；对晚辈而言，这一刻来得实在突然，无法承受。六天前，还和孟彦弘、韩树峰兄一同到府上谒见田先生，那天先生仍思路敏捷，健谈如故。两个多小时，纵论古今，横说中外，音容笑貌，犹在眼前。

我不曾在田先生门下受教，但博士论文答辩时，田先生出任答辩委员会的主席，是我的座师。此后近二十年间，不时有各种机会晋谒田先生，聆听教诲，对自己的学术道路产生深刻的影响。

早在二十世纪九十年代初，先是通过拜读《东晋门阀政治》，初步领略田先生为学的气象。虽已是二十多年前的事，现在仍然清楚记得：那是在新街口的中国书店，买到初版的《东晋门阀政治》一书。最初研读此书则是在沈阳，应该是在1992年的暑假，去看望未来的岳母，书的天头地脚保留着当时的读后心得。书中有几种不同颜色的笔迹，记录了后来不同时期反复阅读的印记。当时初涉中古史，将来研究什么尚无明确的规划，不过，无论如何，政治史基本在关注的范围之外。此时印象最深的是田先生研究的缜密，每个问题都考辨入微，以求确立事实之间的实际联系。后来在准备自己的博士论文时，重新考察佛教传播北方的背景，无论是质疑前人成说，如战乱对佛教传播的作用，还是分析传闻集的作用，均力求具体揭示不同现象间"事实上"的联系，而非限于"逻辑上"的联系，这便是当时领会田先生的研究后得到的直接启示。

第一次见到田先生，是在1995年夏天，北大二院历史学系二楼的会议室，如今这里成了文研院的大会议室，各种学术活动不断，时常高朋满座。适值罗新、陈爽两兄博士论文答辩，前去旁听。那次只是坐在旁听席上，远远地瞻望了田先生的风采，没有机会当面交谈乃至请教。

1996年夏，自己博士论文答辩，何先生敦请田先生担任主席，得以亲承教诲。答辩会上，田先生及其他先生多有鼓励，坚定了我从事学术研究的信心。自己能走到今天，和当时各位先生的激励分不开。

正是因为这次答辩，和田先生结下了学术因缘，此后开始有机会拜谒田先生。工作后最初一次去看望田先生，是在李万生兄导引下去的，那时田先生还住在中关园。在搬家到蓝旗营之前，还去过几次，并蒙田先生赐下一册1996年第三版的《东晋门阀政治》，题签上的日期是2000年3月10日。至今记忆犹新的是，一次坐在田先生家客厅窗下的黑色转角沙发上，侃侃而谈对政治史研究的粗浅想法。那时刚刚读过李零的《中国方术考》，颇有些惊奇与兴奋，自忖有必要从古人的观念世界角度来分析政治史，便不知深浅地和田先生谈起自己的想法。恐怕正是因为不是田先生的学生，也少了几分拘谨和畏惧，加上几分不安分守己的思维，敢于在一向以威严著称的田先生面前放言无忌。

在中国社会科学院历史研究所工作时，同事中有好几位田先生的及门弟子，与他们朝夕相处，切磋琢磨，言谈中常常会提到田先生如何治学。耳濡目染，自觉离田先生更近了一步，理解他治学的方法、特色更深了一层。自己的研究能从中古佛教一隅有所拓展，得益于同事的提点颇多，等于间接受到田先生的很多教泽，稍稍弥补了未能亲炙门下的缺憾。2013年1月，北京大学历史学系与中国古代史研究中心召开的田先生九十华诞祝寿会上，我在发言中说，自己离圣人远，而距贤人近，透过众多弟子学习田先生如何治学，道出了自己多年来的真实感受。

2003年，《拓跋史探》出版，应邀撰写书评，这是一次难得的学习机会，体会田先生如何治学。自己虽然研究北朝历史有年，但对于北魏早期历史，感觉资料寡少，迷雾重重，难以下手，从未涉足。捧读田先生新作，如拨云见日，勾勒出拓跋部早期发展的两条线索，廓清了从部落到国家的发展历程。在短短的书评最后，曾写道："作者在本书《前言》中讲到陈寅恪先生的治学特点时说：'陈寅恪先生的诸多贡献，得益于新史料者并不算多，更多的是凭借极为深厚的史学修养，凭借精微思辨，推陈出新，从习见的本不相涉的史料中找到它们的内在联系，提出新问题，得出高境界的新解释，使古史中的许多模糊区域得以逐渐辨识清楚。'其实这也是对作者多年来所坚持的研究方法的最好总结，本书也淋漓尽致地体现了这种方法。"旬日前最后一次谒见田先生，谈及陈寅恪先生及先生自己的治学，先生概括为"虚实之间"，考证基础上对历史现象的通贯解释。自觉当时通过学习《拓跋史探》，对先生治学真谛的领悟又近了一层。

2004年底，一篇关于东魏北齐时期地方豪右与朝廷政治关系的小文发表，田先生读到后，请胡宝国先生找到我，通过电话谈了对此文的看法，多有谬奖。这是头一次撰写政治史的论文，电话中田先生的一番肯定是莫大的鼓励，使我有信心在更多的领域中探索钻研。说来有缘，此文最初提交给那年初举办的田先生八十诞辰祝寿会，当时担任评议的恰是田先生的两位高足：何德章兄与罗新兄。

2008年,调到清华大学历史系工作,研究之外,还要为同学开课。有一门课名为《历史学理论与实践》,我挑选出近三十篇论文,安排同学课下阅读,课上讨论,意在引导同学学习、掌握处理各种问题的方法,揣摩领悟典范之作。关于政治史,选择了四篇名作:陈寅恪先生《述东晋王导之功业》、田先生《释"王与马共天下"》、唐长孺先生《王敦之乱与所谓"刻碎之政"》与川胜义雄先生的《东晋贵族制的确立过程——与军事基础的问题关联》,四文恰好都聚焦于两晋之际的政治演变,却角度各异,见解亦颇有不同。每上此课,所有论文都要温习一遍,反复比较四位前辈观察相似问题时的不同风采,体会更加深刻。《释"王与马共天下"》读的次数最多,感受最深,甚至还有些自己的想法。当时还曾设想讨论到这四篇论文时,请田先生莅临教室,现身说法,亲自点评同学的讨论,一想到先生耄耋之年,最终没敢惊动他。

清华园与先生的住处仅一墙之隔,遗憾的是,到清华工作后,只是寒假中春节过后,和友人一道去给田先生拜年,平时甚少去看望。唯一一次单独去看先生,是在2010年2月9日,又谈到自己对政治史与制度史的一些新想法,比数年前自然要深入一些。这些想法至今未能落实为文字,永远失去了向田先生请教的机会。每念及此,悔恨不已。不曾想,最后一次看望先生,临别前,问及我们现在的研究,先生犹记得此事。

最近几年,因先生年事已高,很少将自己的论文拿给先生请教,担心令先生思虑过多,影响身体。不过,自己读书撰文,常常想起先生,想起先生的研究,想起先生"宁恨毋悔"的警语,鞭策自己向更高的目标前进。

胡宝国先生常说，他在北大学习与工作时很怕见田先生。吾生也晚，轮到我们时，田先生全然没有了"望之俨然"的一面，只剩下了"即之也温"。话到高兴处，不经意间，孟彦弘兄会拍起田先生的膝盖。学问之外，常会谈到学界往事、掌故，田先生与前辈学人的交往，自己的人生经历，乃至国家与天下大事。看得出，话题虽是兴之所至，似无边际，先生始终钟情的是学术，晚年最痛苦的也是无法继续从事研究。学生与晚辈去看望他，是件难得的高兴事，可以重温学术，交流心得。几年前，甚至专门召集我们这些及门、不及门的晚辈，在蓝旗营附近的餐厅小聚了一回。

　　最近，有学者发表论文，对田先生的研究提出不同意见。最后一次看望田先生时，曾几次话到嘴边，想告知此事，最终还是忍住没说。当时心情颇为矛盾：既希望田先生知道此事，又担心影响他的身体。很早就听宝国先生说，田先生一再希望学生、后辈能够超越自己，要求学生学习老师时不要将老师的缺点一起学到。想到这些，后悔没将此消息告诉田先生。看到有人和自己商榷，看到自己钟爱的领域没有裹足不前，田先生定会颔首微笑的。

　　虽无缘忝列田先生门墙，却能有机会面承謦欬，稍窥其治学的门径，并指引自己的研究，现在转而研究早期帝国的政治史，田先生潜移默化的影响，自不待言，实属有幸。成为生前最后看望他老人家并聆听教诲的晚辈，更是幸运。2014年11月APEC假期，专程到陕西汉中市访古，为的是看看褒斜道。田先生去世后，读其生平，得知先生九十年前出生在陕西南郑（今汉中市南郑区），这又是一种缘分！遗憾的是，未能当面向田先生报告汉中的现状。虽然一生辗转多地，他从那里来到世间，一定还牵挂着那里的山水，那里的人和事。

哲人其萎，教泽永存

田先生永远地离开了我们，他会在天堂继续注视着我们，注视着自己投入毕生心血的历史研究！

2015年元旦，2020年8月略有修订

（原载2015年1月9日《文汇报·文汇学人》，作者为清华大学历史系教授）

老吏断狱、神探破案般的功力

张 帆

我不确定自己是否有资格写文章缅怀田余庆先生，因为我们之间的接触其实很少。尤其惭愧的是，在北大历史系读了十年书，竟然没有选修过田先生的课。1984年5、6月间，正值大二下学期期末，基础课的学习快结束了，开始考虑本科高年级阶段的学习方向，以及报考研究生的专业方向。当时很想研究魏晋南北朝史，于是就和几位兴趣相同的同学一起去旁听田先生为高年级本科生开设的选修课"东晋门阀政治"。那个时候北大的本科教学，总体上来说比较死板，低年级学生旁听高年级课程，并不是常有的事。我们到田先生课上旁听之前，还专门请班主任李孝聪老师事先打了招呼。那天田先生讲授的内容，是关于"桓温为桓范之后"的考证。这项考证，也是后来出版名著《东晋门阀政治》中内容稍显枯燥的一段，在深度和讲法上与基础课截然不同，就当时来说大大超出了我的领悟能力。一堂课下来，听得如坠五里雾中，完全没听懂为什么说桓温是桓范之后。后来由于害怕竞争等原因，我并没有学习魏晋南北朝史。除去为数不多的几个讲座外，也没有再上过田先生的课。

虽然没怎么听过田先生的课，但田先生在治学方面对我的影响还是很大。这种影响主要来自田先生的论著。本科后半期，我已经选定元史作为报考研究生专业方向，但毕竟曾一度"钟情"于魏晋南北朝史，因此有时也会去翻阅相关研究成果。当时田先生尚未出

老吏断狱、神探破案般的功力

版专著，不过发表的论文已经颇受称誉。一次，在同学推荐之下，我拜读了田先生《汉魏之际的青徐豪霸》一文。时隔近三十年，现在仍然清楚地记得读完之后受到的震撼。可能因为到了高年级，自己的水平有所长进，同时《青徐豪霸》本身也较具可读性，总之这篇文章我不仅基本看懂了，而且似乎体会到了它的妙处。正如文中所言，"青徐豪霸，史无明文"，一般人已经不知道汉魏之际曾经存在这样一支势力，我当然更不知道。文章对于这支势力来龙去脉的复原，以一些零散材料为基础。这些材料提供的信息看似孤立，但经过作者的整合，神奇地产生了拼图功效，使读者豁然开朗，别见洞天。给我印象尤为深刻的，是那种环环相扣、逐层深入的写作方法。全文共分六节，当我读到第四节"利城兵变与广陵之役"时，觉得问题已经分析得十分透彻，文章行将结束（相信绝大多数读者会有同样的感觉）。讵料还有第五节"广陵之役与中渎水道问题"，笔锋一转，从地理环境角度对广陵之役进行了更进一步的诠释。随后还有第六节"余论"，又跳跃到对曹丕政治业绩的总结上面，作为全文收尾。我当时的体会就是，原来史学论文能够这样写！如同初涉武林的后生晚辈亲眼看到大宗师展现武功，真有高山仰止之感。以此为契机，以后我继续阅读了田先生的其他论著。硕士、博士研究生学习期间，田先生的高足何德章、胡克森、陈爽、罗新诸兄与我谊属同学，过从甚密，田先生的论著是我们经常讨论的话题。我曾经开玩笑称田先生开创了史学中的"公安派"，意谓其视野宏阔，目光深邃，感觉敏锐，常于人所忽视之处独辟蹊径，揭示出重大的线索和问题，有如老吏断狱，神探破案。这种功力，是我们非常企羡而又自知难以达到的。

博士毕业之后，由于教学需要，我又一再阅读田先生论著。田先生论著具有"耐读"的特点，随着自己学识进步，阅历增长，每次读后都或多或少会有新的认识。抛开具体内容不谈，对于田先生文章（《东晋门阀政治》《拓跋史探》两部专著也都由系列论文构成）的写作技巧也逐渐有所体会。作一点或许不尽恰当的比喻，田先生的大部分文章，像是工艺品，又像是交响乐。比为工艺品，是因为不仅内容充实，而且表述精致，遣词造句多经推敲，分寸感把握到位，总体上呈现出某种美感，可谓"华而有实"。朱子集注《四书》，自谓"每下一字，直是称等轻重，方敢写出"，田先生文章也经常给我这样的感觉。比为交响乐，是因为结构合理，逻辑清晰，起承转合，错落有致，使读者循序渐入佳境，行于所当行，而止于不可不止。我们天天鼓吹制造"精品"，所谓精品，难道不应该具有这样的境界吗？而以现在学术风气之浮躁，量化考核，攀比数量，又如何能制造出真正的精品呢？田先生在论文集《秦汉魏晋史探微》的序言中拈出"宁恨毋悔"四字自勉，晚年又常以此语告诫年轻学人。可惜我们的时代，恐怕越来越不允许"宁恨毋悔"，为了提职称定岗位，只能是"宁悔毋恨"了。思之令人慨叹！

在我上学的年代，田先生以对弟子要求严格著称，弟子们对他十分敬畏。像我这样门墙以外的晚辈，也都跟着敬畏起来，甚至于产生某种心理阴影，见到田先生难免发慌。尽管田先生晚年日见慈祥，罕有威言厉色，但他对年轻人多抱殷切期望，无形之中仍然成为一种压力。在与我有限的接触中，田先生几次提到，希望我"下来"，大致意思是研究范围不要局限于元史，应当下延到明清史。记得近二十年前，田先生住院做心脏手术，我随同罗新兄去探视。田先生躺在病床上，还问我"下来没有"。惜我资质鲁钝，元史已难搞通，"下来"谈何容易？如今田先生已归道山，念及他的期待，惟有汗颜而已。不过我又想，田先生所说的"下来"，或许也可以降低一个层次来理解。就是说，不一定要直接研究明清史，只是在研究元史之时，适当具备明清史视野而已。如此，或能勉力为之。另外我很久以前就有一个想法，元朝政治史资料零碎，空白颇多，如能对田先生研究秦汉魏晋南北朝政治史的方法和经验有所借鉴，大概能够做出一些成果。读博士时，一度不自量力，考虑模仿《东晋门阀政治》，写一组有关元朝政治史的系列文章，充当博士学位论文。最终在师友的警告下知难而退，放弃了这个计划，改选较具可操作性的"元代宰相制度"作为论文选题。岁月流逝，时易事移，近年我对元史的关注，已从制度史向政治史略微转进，并且似乎小有心得。这一定程度上应当得益于对田先生论著的研读。在以后的研究当中，如果能够视野更开阔，探析更深入，写出某些填补空白的文章，体现出我"私淑"田先生学术之一二，也许能够多少对田先生有所告慰了。哲人日已远，典型在夙昔。虽不能至，然心向往之。谨以此小文陈述对田先生永久的怀念。

（原载2015年1月11日《东方早报·上海书评》，作者为北京大学历史学系教授）

【作者附记】上面这篇缅怀文章，是在田先生逝世后匆匆草就的。虽然论述简陋，言不尽意，但毕竟反映了当时的氛围和心境。今将结集出版，承蒙编委会不弃，同意将两篇相关短文作为补充另附于后，本文一仍旧貌，不再改动。2020年8月20日张帆谨记。

田余庆学记

附一：关于《蒙古秘史》给田先生的信

【作者按】二十世纪九十年代末，田先生正在撰写《〈代歌〉、〈代记〉和北魏国史——国史之狱的史学史考察》一文。他注意到《蒙古秘史》当中一些对成吉思汗形象有负面影响的记载（比如早年射死异母兄弟别克帖儿，后来又对同母弟合撒儿心怀猜忌，等等）在汉文史书《圣武亲征录》《元史》中皆已不存，怀疑是否与北魏邓渊至崔浩国史冤狱具有某些相似背景。因此打电话到我宿舍，让我去他家里聊聊。我见到田先生，简单陈述了自己的看法，但又怕没说清楚，回来后专门写了一封信。这封信是用邮件发去，还是打印后通过什么途径送去，已经记不清了。不过，这是我单独接触田先生极少的一次机会（还有一次是给田先生的博士李万生兄做论文答辩秘书，田先生把我叫去当面布置任务），因此印象深刻。遗憾的是，这封信的电子底稿没有写明日期，在电脑里又没有作为单独的文档保存，因此具体写作时间已不可考。

关于《蒙古秘史》谨复田先生：

现存史料表明，《蒙古秘史》或"脱卜赤颜"在元朝属于机密文献，"事关秘禁，非可令外人传写"（《元史·文宗纪》）。所谓"外人"，基本上即指汉人。色目近臣是有可能看到此书的，编译《圣武开天纪》的察罕就是色目人。"脱卜赤颜"的编纂和保管，很可能也都有色目人参与（色目人文化较为进步，蒙元早期能用畏兀儿蒙古文写作的主要是色目人）。这种针对汉人的保密制度，其性质可能与鲜卑稍有不同。与鲜卑、女真、满族甚至契丹相比，蒙古人缺乏对汉文化的崇拜心理，因而也就缺乏相应的自卑、敏感和恐惧心理。他们几乎从未真正认同过汉族的伦理道德观念。例如蒙古人对本族的收继婚习俗并不避讳，而是形诸法令，以至北方汉族社会也一度受到这种习俗的影响。与此相联系，元朝的文化政策也是相当宽松的，未闻以文字疑似之事杀人或重责人。因此"脱卜赤颜"的秘不外传，或许主要反映出蒙古统治者的自尊心理和民族歧视政策【作者按：用今天的话来说，就是"你们没必要知道"】，防范"丑事"泄露的动机似在其次。

传世《蒙古秘史》蒙古文原文的成书年代众说纷纭，一般认为到世祖忽必烈时肯定已经写定。忽必烈时修太祖成吉思汗以下五朝实录，材料缺乏，曾专门搜访野史并询访口述史料，修成了太祖、太宗实录的初稿——《圣武亲征录》（前人或以为此书即《圣武开天纪》，但据王国维考证，《亲征录》成书于世祖朝，见王氏《圣武亲征录校注》自序。《开天纪》已佚）。又经修改、增补，至成宗时始修成实录定本。《圣武亲征录》的修纂者是否曾参考《蒙古秘史》，史无明文。两书内容互有同异详略。洪业先生根据《亲征录》中一些乖蹇的文句，判断它译自蒙古文（《元朝秘史流传考》）。如此，则它即使未参考《蒙古秘史》，至少也参考了相关联的某种蒙古文历史稿本。但《秘史》中今天看来一些有损于成吉思汗和黄金家族形象的材料，在《亲征录》中基本不存。其间有两种可能：

一，无论《秘史》或是其他蒙古文历史稿本，都不是简单的口述史料，而已形诸文字。但其文字并非汉文，而是蒙古文（这一点是否与《代记》不同）。元初的翰林史臣未必能够熟练阅读，恐怕仍然要经过专人翻译，担任这一工作的又极可能是色目人。翻译者了解汉地的伦理道德观念，翻译时有意识地略去了有关忌讳内容。

二，还有更大的一种可能：编修《亲征录》以及后来太祖、太宗实录定本的汉族史臣，对那些忌讳内容并非一无所知。他们即使没有看到，或不能直接阅读蒙古文史书，也完全有可能在搜集史料、特别是询访口头材料时了解到那些故事。但他们出于尊君、为尊者讳的意识，修史时自觉地放弃了这些材料（并非是因为蒙古统治者的恐吓、担心受祸才放弃的）。这是宋朝以来绝对忠君、尊君观念强化并深入人心的结果，与异族统治关系不大。在汉族王朝碰到这种材料，同样要放弃【作者按：这大概也可以看作王汎森先生所总结的文献中"自我压抑"现象，根源在于福柯所说"权力的毛细管作用"。当时我还不知道这些概念】。其实今本《蒙古秘史》所见忌讳内容，没有特别严重不得了的大事（不及拓跋鲜卑早期历史），蒙古人亦未必以为奇耻。即使这些材料进入实录，大约也不会爆发崔浩那样的大狱。元朝与北魏相比，君臣两方面的情况都有变化。蒙古统治者既不像拓跋鲜卑贵族那样敏感和挑剔，汉族史臣也早已不再死守"直笔"原则，而是随时随地都会顾及君主和皇室体面。因此像崔浩国史之狱那样的激烈冲突，在元朝反倒是不会发生的。

学生　张帆　上

附二：在田先生逝世一周年追思会上的发言

【作者按】2015年12月26日星期六，一个阴雨（雪）天的上午，北大历史学系和中古史中心举办了田余庆先生逝世一周年追思会。这次追思会总的原则是倾向于漫谈，不想搞得特别呆板。所以并没有要求参会者事先提交文章，学者们都是自由发言，气氛松弛而活跃。我当时担任系主任之职，按照安排，要在会议开始时首先发言，实际上相当于致开幕辞。想来想去，觉得其他学者可以自由发言，我多少充当着代表历史系的角色，还是正式一些较好，于是提前草拟了发言稿。我平时为人随便，在很多正式场合也不愿意一本正经地念稿子，因此那天从上衣口袋摸出稿子开念的时候，一些老师不免露出诧异神色。这份发言稿看上去像是官样文章，但却是我花了时间认真写的。

尊敬的各位专家、各位学者：

今天，我们在北京大学召开田余庆先生追思会，缅怀田先生的业绩和风范。我谨代表北京大学历史学系，向顶着恶劣天气前来与会的各位专家学者表示由衷的感谢！

就在一年以前的2014年12月25日，田余庆先生永远离开了我们，为他一个甲子的学术生涯画上了句号。古语说"盖棺论定"，从逝世后的各种评价、反映来看，田先生的学术地位，至少在史学界内部，可以说是"知与不知"皆所公认；具体的学术贡献，也已经由诸多学者作了相当全面和深入的总结。田先生的三本著作，毫无疑问已经成为历史学领域的经典作品。其价值，不仅在于对秦汉魏晋南北朝诸多重要历史问题的发现、探索和总结，更重要的，是展示了历史研究可以体现出何种气象，史学论著写作可以达到怎样的境界。正是后一方面，才使田先生的学术影响大大超出了断代史范围。二十世纪以来，现代史学的研究范式在中国逐步确立，史家辈出，名作如林，然能将"考索之功""独断之学"完满结合者并不多见。至于著述华而有实，文不害质，于学术价值之外兼具某种审美价值，则尤为田先生所独擅。

田先生秉持"宁恨毋悔"的治学宗旨，精思熟虑，慎于立言。他对中国历史的深度思考，能够在其论著中反映出来的只是一小部分。另一方面，田先生经历了风云变幻的动荡岁月，他的政治史研究当中，很多地方不易觉察地融入了个人坎坷的生命体验。我相信，关于田先生的历史观念、史学思想、心路历程，还有很多目前我们不甚了解的内容有待发掘。期待将来能有学者致力于此，为田先生写一部传记，至少是一部学术传记。

  田先生将他的大半生奉献给了北京大学历史学系。从某种程度上说，他已经成为北京大学历史学系，尤其是中国古代史专业的象征和旗帜。对于包括我在内的许多北大历史学系中青年教师来说，田先生不仅是学业上的老师，更是思想和精神上的导师。二十多年前的一次讲座课上，田先生曾以《尚书·洪范》篇中的"有猷、有为、有守"一语勉励年轻教师和研究生，其中"有守"二字，尤其再三致意，谆谆告诫。其情其景，至今思之，宛然如在目前。田先生虽然已经离开了我们，但他在学术上的建树和贡献永远不会磨灭，他的音容笑貌、精神风范也将长存在我们心中。

  再次谢谢大家。

清商远路自徘徊
——送别田余庆先生

罗 新

我1989年秋季回到北大读研时,对于历史学不要说不入门,就连历史系一般本科生的水平也达不到。两个导师的论著,田余庆先生的我只读过《中国史纲要》,祝总斌先生的我只读过《北大学报》上的两三篇论文。入学不久,大概基于本研究方向的一个传统,祝总斌先生带着我去拜望周一良、田余庆两位先生。表情凝重、浓眉微锁的田先生,一开口就浇了我一头凉水:"从中文系、外文系改到历史系来的,少有成功的先例。"那时我并没有铁了心要长久学历史,田先生的话倒也没有让我太沮丧,不过内心还是有一点抵触,觉得他不免小看人。相比之下,笑意盈盈的周先生的话就好听得多:"中文系的门槛高啊。"那时我绝对没有想到,就是这个第一次见面让我多少有些排斥感的田先生,成为我后来人生中最亲近、最重要的人之一。

研究生的第一年,只是跟着祝先生读《资治通鉴》,听各种必修和限选课,和田先生基本没有接触。让我慢慢领悟到历史学自有独特魅力的,最初就是祝先生讲授的政治制度史,有了制度史的知识和视角,读《通鉴》和正史就不那么艰难了。一般听过祝先生讲课的,终生难忘他的博学、缜密和通达,更不要说直接受惠于他那仁圣风范的言传身教了。这一年里,有一天我偶然在《历史研究》

上读到田先生的《隆中对再认识》，大吃一惊，原来历史论文可以写得这么引人入胜。于是找来《说张楚》《论轮台诏》以及刚出版的《东晋门阀政治》，读得昏天黑地，如痴如醉，常觉心潮澎湃，喘不过气来，不得不休息一下。这种阅读体验，我以前除了读小说，只在读梁任公《清代学术概论》时感受过。

我开始有"入门"的感觉，是研究生第二年的第一学期。那时田先生正在写《孙吴建国的道路》和《暨艳案及相关问题》，他就着这个机会，召集几个研究生开了个《三国志·吴书》读书班。先是他自己选读一两个列传，从文献解读到史实考证，再到历史意义的阐发，再到论文的写作，是一个完美的示范。随后由我们学生轮流自选《吴书》中的某个列传，用同样的方式来讲读。我记得参加那个读书班的还有张伟国、何德章、罗永生等几位，先后在二院的小108和古代史教研室进行。田先生具体讲了什么，我自己和其他同学怎么选读的，我都不记得了，我只记得那几个月我有了醒过劲来的感觉，终于模模糊糊地明白了什么是"历史地看历史"。就是这个冬天，田先生突发心脏病。我们几个学生商量，继续这个读书班，去医院看望时，向他汇报了读书班仍在进行的情况，他还挺高兴。

经过了这个"入门"的阶段之后，我开始考虑是否要一辈子做历史，具体地说，就是接下来是否读博士。在多年的自我期待中，我从没设想过要成为一个学者。就此前有限的接触，似乎学者人生也不见得有什么吸引力。现在田先生、祝先生等人为我开启了理解学术魅力的门窗，但我是不是准备好了要终身投入历史学的行业中呢？职业历史学家的身份，意味着一种我很不了解、也未必向往的人生。进入硕士论文写作阶段，见田先生的机会多了一些，对他个人的了解逐渐增多，我慢慢地窥见了一个学术人生的新天地。那里没有我少年时代所向往的激烈慷慨、风谲云诡、人山人海和生死契阔，但却有我同样迷恋的透彻、从容、醇厚与仁义情怀。即使在最初接触的两三年，田先生已经向我展示了学术人生可以有多么美好。当然，那之后的二十多年，我只有越来越庆幸自己及时地走上了这条路。做自己喜欢的工作，过自己喜欢的生活，是田先生引领我进入了学术人生。

就我学生时期的学业及留校后的科研教学来说，田先生对我最直接的影响是那种持续的压力。他对年轻人总有很高的期望，对我也一样，而由于我常在他身边，这种期望就成了巨大的压力。虽然我的抗压能力不弱，但自知之明还是有的，有时会有深深的、无处可诉的愧疚。1998年夏天，我陪他去南京参加魏晋南北朝史学会的年会，晚上去鼓楼上喝茶乘凉，闲聊中他说，你留校好几年了，该出一点有分量的东西了。对于一个东游西逛还没有找到出路的研究者来说，"有分量的东西"似乎是遥不可及的。我说，您呀，对我要求不要太高了。没想到他忽然严肃起来，说道，我可以对你要求不高，但你对自己不能没有高要求。这个话让我想了很久。2003年出《拓跋史探》时，他在前言结尾处写道："北大的罗新君与我长年相处，协助我搜寻资料，斟酌意见，操持各种繁杂的修改事务和电脑作业，而且反复再三。罗新现在远在哈佛大学访问研究，我期待他带回成果。"书出版后，他让正在北大读研究生的刘聪寄了三本给我。刘聪在附信里说："同学们议论，说罗老师若是读到田先生这句话，会不会吓得不敢回国了？"很惭愧，那年夏天回国时我并没有带任何像样的成果。

我见过田先生修改别的同学的论文，密密麻麻的，有的都改花了，需要另写一页。但他看我的论文，基本不作文字的修改，总是和我谈议题的延伸意义，可能他觉得思考深度不够是我的主要问题。

因为我本科是学文学的，早年曾痴心创作，读史不免为文字或故事的表象所障，思考问题容易停留在较浅层次，说话也常流露轻脱的一面，田先生非常耐心地、有针对性地引导我，对我的影响可说是至深至久的。比如，他看了我的硕士论文初稿后，对我说，就这样吧，剩下的时间去读别的书。过了几天他听一个同学说我的论文没有打草稿，本来是表扬的意思，但他立即把我叫去，要求我改写一遍，哪怕只是誊写一遍，说应该养成任何文稿都多次修改的习惯。我写博士论文时，每交一章，他都会反复询问还有没有可以深挖之处。那时我学力太浅，难以理解"深挖"的真实涵义，实在不堪他的追问之苦。但工作以后，我逼迫自己在讨论任何问题时都多想一层，看能不能在通常的解释之外找到更有深度的理解。我自己没有意识到，有一次徐冲提醒说我特别爱用"深刻"这个词，那么至少间接的成因是田先生多年的训练和压力。

很多人都称赞田先生会带学生，我根据切身体会和多年观察，感觉他是真正做到了因材施教、因势利导。我一开始对西域史地有兴趣时，他是鼓励的，认为这样可以开阔视野，后来见我用力太猛，又提醒说不要偏离中原太远，不可忘记了拓展视域以反观中国史的初衷。这十多年我在内亚史方面用力稍多，略有所见，他一方面肯定，另一方面提示说，研究内亚史具体问题时，也要多想想与中国史的关联。正是在这样的提示下，我开始思考中国史中的内亚性问题。田先生在关键时刻的警示，帮助了我始终立足于魏晋南北朝史来观察周边，而不是游骑无归，"纵一苇之所如，凌万顷之茫然"，发展成半吊子的中亚史家或阿尔泰学家。他并不认为魏晋南北朝史比西域史地或内亚—阿尔泰研究这些学科更重要，而是因为他了解我的训练背景和知识局限，知道我的长短和特点，才会及时提醒。据我观察，他对其他学生学术发展的建议和提示也都是基于学生自己的特点。比如李万生博士论文关注的是侯景之乱时期的河淮地理问题，田先生觉得万生硕士时在陕西师大有过历史地理的训练，以此研究侯景问题，可能会别有所见，所以是很鼓励的。到万生博士毕业，论文也快要出版的时候，田先生就劝他另寻题目，拓宽研究范围。田先生是这样说的："做研究应该多一些切入点，就像村屯邑居，要多挖几口井，你到现在只挖了这一口井（侯景）。"

不过我必须说，田先生对我最大的影响也许还不是，或不仅仅是在学术方面。我之所以走上学术之路，不仅因为感受到了历史学的魅力，还因为看到了学术人生的可贵。这两个方面田先生都起了决定性作用。其实大多数学者的人生并不一定令人羡慕，学界生产的大多数论著也未必值得喜爱，可我的幸运在于，初涉学术之时，我就遇到了田先生。那种安详淡定、远离流俗的精神和生活状态，让我有一种找到归宿的踏实感。二十多年来，田先生时时刷新我对于人生的理解，我看到了学者的纯粹和人生的朴素。他经常聊起过去的人和事，固然也流露对于恶政当道的愤怒，但对那些在极端时代做了许多坏事因而后来恶名昭著的人，他似乎总有一种深深的悲悯，甚至以同情的语气讲述他们的人生遭际。反过来，一些后来被评价很高的名流人物，到了田先生的回忆里，原来也做过许多他们后来竭力回避或予以否认的事情。我甚至觉得，田先生研究历史上群体和个人在时势变局中的反应与选择，多多少少隐含着他对自己人生所见所闻所思的总结。

这十年来，很多人鼓励田先生写回忆录，都觉得以他的丰富阅历、史家见识加上出类拔萃的文笔，肯定会写出有历史价值的回忆。他一再拒绝，说出来的理由是自己一介书生，人生平淡，没有经历什么特别的波澜。但我感觉，田先生不肯写回忆录，除了谨慎的性格原因外，还有他对于自己所经历的二十世纪悲剧般的历史似乎不愿进行系统的反思。以田先生的思维和写作习惯，他写回忆录必定与研究历史没有什么不同，而研究自身经历过的二十世纪，和研究遥远的中古不同，似乎难以避免会时时沉浸在巨大的疼痛之中。除非万不得已，他不大愿意写怀旧思往的文字。这些年他只写了不足十篇的回忆短文，都已集入去年出版的《师友杂忆》。他在序言里说："杂忆所及北大师友，多是受过苦难的，尤其是翦伯赞先生，是大苦大难。我至今不明白为什么容不下这样一批有过辉煌但已年迈的文化人？"这个感慨的背后，是无可言说的愤怒和无边的悲凉。这二十年来我大概是和田先生联系最多的人之一，聊天不算少，但我对他过去的经历还是所知有限，一个非常重要的原因，就是他并不那么喜欢怀旧，我猜想那还是因为"过去"本身过于沉重了。

有个道理我是近几年才明白的。我有时会讲自己在北大同事中的朋友圈子，田先生也问得特别仔细。我告诉他，我和丁一川、张帆、陈爽是读书时的狐朋狗友，常年一起鬼混，亲如兄弟，后来又和同事李新峰、郭润涛等成为好友，形成了一个感情很深的小圈子。田先生评论说："你们现在很幸运，同事也会成朋友。"我非常吃惊，多年同事成为朋友，难道不是很正常吗？他说，经历了五十年代至"文化大革命"的高校和科研机构，同事变成朋友是很难的。后来又听他讲五十年代北大的"洗澡"，即使在老教授们之间，一些过去每周一起下馆子的亲密朋友，也被发动起来互相批判，互揭隐私，多年友谊一朝荡尽。他举的一个例子就是对杨人楩的批判，最激烈的攻击就来自一个老友。后来政治形势越来越紧张，同事之间哪还敢有什么私交、私情？私下说话也都是字斟句酌，唯恐一言不慎，哪天被揭发出来成为罪证。我这才明白，怪不得我一直觉得北大的同事之间过于"君子之交淡如水"，原来也是一个历史阶段的遗产。

田先生的政治史研究都局限于中短时段，着眼点也都是时势推动下个人或小型人群的政治选择。在《东晋门阀政治》中，虽然他为这些历史人物的重大行为整理出了一个政治史的解释线索，但他回避了对"时势"本身的深层次解释。那时他对"历史进步"还抱持一定的信心，考察时势成因的动力比不上对发展趋向的期盼，因此会有全书最后一段那种俯瞰历史的浪漫和激情。到了《拓跋史探》，他似乎要提供一个更深的阐释，探明历史中的那些野蛮、血腥和黑暗，如何又发挥出推动历史变动的力量。基于这种理解，我在2008年为《南方周末》推荐阅读书目时，列入了《拓跋史探》。我是这样解释的："熟读过田余庆先生《东晋门阀政治》和《秦汉魏晋史探微》的朋友，很多都容易对《拓跋史探》持一点保留，认为无论在选题上还是在具体的考证上，甚至是在文字表达上，都没有能够超越《东晋门阀政治》。当然，《东晋门阀政治》是二十世纪中国史学的重要收获之一。而《拓跋史探》是属于新时代的，尽管显露出作者老年写作难以避免的种种遗憾，但凝聚着深刻的时代体验和历史反思。与《东晋门阀政治》的乐观昂扬不同，《拓跋史探》浸透了对未来的疑虑和对往昔岁月的感伤，前者表达了二十世纪八十年代知识人的热情与希望，后者则源于乐观情绪被打消之后的沉郁深思。"

1997年初夏田先生在北医三院住院，我下午常过去陪他在住院部下面的花园散步。他说自己身体不好，自幼如此，别人说他能活到六十就算不错，没想到能活到七十多岁。前几年又是在北医三院住院，我陪他聊天，旧话重提，说您七十多岁就有这般感慨，大概没想到会有今天吧。他呵呵直乐，但又说，唉，做不了什么事。我就说，九十岁还要写书，不是成精了吗？其实他直到去世，始终心系学术，尤其关心最新论著和年轻学人的情况。我似乎是有责任定期向他报告近一段时间出版了什么好论著，冒出了哪些年轻人。学界后辈去拜访，他也必定打听最新动态。他有时会指示我延请青年新秀来家里坐坐。2013年年底，他还询问魏斌、仇鹿鸣等几位的情况，表示要读他们的新著。2014年11月我在微博上看到仇鹿鸣看望田先生的照片，就在电话里提到。田先生问我在美国怎么还能知道，我说是网上看到的，他很惊诧：这件事还能上网啊。

我因在2014—2015学年度到美国访问研究，最不放心的就是担心老人家寂寞，所以广托朋友常去看他，陪他聊天解闷。我每周和他电话聊天，他会介绍最近谁来过，读过哪些文章。虽然他也感慨自己精力不济，每天读书不能超过两小时，而且随读随忘，但也很达观地说，老了嘛，也只好这样了。夏天我曾跟他说北大历史系的研究生潘敦正在写北魏的皇后与可敦问题，到10月间他表示想读读，让我告诉潘敦。潘敦就把文章打印件给他送去了。两周前，他在电话里说，他读过了，有些意见，让我通知潘敦去见他。我竟然没有及时告诉潘敦！12月27日去八宝山举行遗体告别之前，我在老人家书房里坐了一会，看见书桌上摊开的书和文章中，就有潘敦那篇文稿，他还在等着和潘敦谈他的想法呢。在摊开的另一本书旁边有个纸条，写着我的电话号码。

昨天去田先生家，陪师母聊天，走的时候，师母忽然怔了一下，对我说，唉，你看，我糊涂了，我正要对你说，你走怎么不跟先生说一下呢。师母说她常常犯糊涂，总觉得先生还在。他们两位自1947年恋爱，1950年结婚，到相守终老，已经六十四年了，师母怎么可能适应先生已不在人世的事实呢？不要说师母了，就是我这个小辈，到现在也难以相信竟然已永远见不到他。走在蓝旗营小区里，感觉就是去见他老人家的。在这样的迷迷糊糊中，写这篇匆匆忙忙的纪念文字，就如谢灵运的诗句："举声泣已洒，长叹不成章。"

2015 年 1 月 2 日北京五道口

（原载 2015 年 1 月 9 日《文汇报·文汇学人》，作者为北京大学历史学系暨中国古代史研究中心教授）

远去的背影
——田余庆先生逝世周年祭

韩树峰

转瞬间,田余庆先生离世已经一年了,2014年12月19日,我与孟彦弘、侯旭东兄拜见老人的情景犹在眼前。当时田先生精神很好,谈兴颇浓,与我们聊过往,说当下,论学术,言人生,话题广泛而有趣。我们和田先生聊了两个来小时,告别时,老人似乎意犹未尽,送至门口,又逐一询问了我们目前各自的研究领域。六天以后,田先生溘然长逝,这次告别也就成了永别。

望之俨然,即之也温

和田先生无拘无束地聊天,是我毕业几年以后的事,读研究生期间,我对他是避之唯恐不及的。1990年秋我到北大读书,最先见到的,是祝总斌先生。面试时,祝先生就给我留下了仁恕温谨、亲切和蔼的印象,以后跟他读《通鉴》,这种感受更加深切。

首次见到田先生,是在开学一段时间以后。那时,他正在撰写关于孙吴建国的文章,便召集研究生开设了《三国志·吴书》读书班,在祝先生的建议下,我也参加了这个读书活动。和祝先生截然相反,田先生给我留下的深刻印象是,严峻肃穆、不苟言笑,可谓不怒自威。

读书班上,田先生很少说话,更多的时候是倾听每位同学对史料的阅读和理解，他只在紧要处发问或加以点拨。我选读的是哪个列传，已经全然忘记了，只记得发言时，田先生并不插话，只是浓眉深锁、目光犀利地盯着我。我入学时，历史学方面的素养可以说是一张白纸，更不要提对原典的理解了，这种上课方式无形中给我带来了巨大的心理压力。

在他的逼视下，我无论如何也无法使自己的心情平静下来，由紧张而恐慌终至恐惧，最初还算通顺的表达，逐渐变得磕磕巴巴终至语无伦次。我几近崩溃，完全不知道自己是怎样结束发言的，更无从了解田先生是如何看待我及这次发言的，但这次经历的确使我更加畏惧田先生，而这种感觉是我作为学生十六年来从未有过的。

这年冬天，田先生突发心脏病，以后虽然稳定下来，但身体仍然不是很好，从此以后，除了1991年召集学生读《东晋门阀政治》外，他再没开设过其他课程，我与他见面的机会就更少了，这种情况一直持续到1993年。

那年我硕士毕业，准备继续读博，但对是否报考田先生的博士生，我是相当犹豫的。这一方面是知道自己学术底子不好，而田先生又素以学术要求严格著称，我是否达到了他的要求，不得而知；另一方面也许是更重要的一方面，即使田先生招收了我，对自己能否有勇气与他相处三年并顺利完成学业，我是相当缺乏自信的。

仍然是在祝先生的鼓励下，我最终决定报考他的博士生。我通过电话忐忑不安地告诉了田先生考博一事，他没有叫我当面向他介绍自己的情况，只要求提交一篇文章，我紧绷的神经得以松弛下来。以后，我跟他读书三年，其间与他的接触自然较过去为多，但每次见他，仍不免紧张。我想，读书期间，我可能是与他单独见面最少的学生之一。

毕业后的最初几年，很想多拜访田先生几次，但最终没有做到，更多的时候是在电话中询问、了解他的身体状况。已经不记得什么时间，我鼓足勇气，单独拜访了田先生一次。就是这次拜访，让我改变了过去对他的印象。他看上去依旧肃穆庄严，但聊天时，他不再沉默不言，他会主动询问我的工作与学习状况，也会询问我的家庭生活状况，甚至会聊一些他过往的经历，老人的慈祥、温和尽显无遗。我想，古人所说的"望之俨然，即之也温"，大概就是这种情况吧。但与多数老人不同，他依然反应敏捷而且思路清晰，言语中透露出的特有睿智也依旧不减当年。

我感觉，和这样一位温和、睿智的老人聊天，不仅不是负担，反而是一种享受，自此以后，我和几位朋友不定期地拜访他，就成了常例。去年8月22日，中国人民大学召开中古史青年学者会议，田先生计划次日晚上与青年学者座谈。那时我在山东老家，听到消息后决定回京。因为理智告诉我，以田先生九十岁的高龄，今后出席学术会议的机会不会太多，我接触他的机会也会越来越少。座谈中，我向他请教了关于《论轮台诏》方面的几个问题，与初次请教学术问题不同，这次我已经全然没有了紧张感，只想在有限的时间里和他多聊一会。

这是田先生最后一次出席学术会议，也是我最后一次向他请教学术问题。此后不久，我写了一篇关于巫蛊之祸的文章，对他的观点提出了不同看法，只是再也没有机会向他汇报和请教了。

跟田先生读书

跟田先生读书，学术上的收获自不待言，不过，感受最深的，是他因人而异的教育方式。我读博士是没有多少自信的，而他对此前的学生也曾有过较为严厉的批评，我曾不止一次地设想，遇到类似的情况我该如何自处？其实，这种担心完全是多余的。读书期间，田先生对我多有鼓励，正言厉色的批评却几乎不曾有过。

记得读博不久，他对我说，你不能总觉得自己不行，这样下去会影响你的信心，事实上你没有你自己想象的那样差，你必须发现自己的长处。

有一次，我交了一篇作业，田先生在文后批道：此文可以考虑发表。我知道，他是不太提倡学生急于发表文章的，所以，不是我的文章写得有多优秀，而是他鼓励我的另外一种方式。由此想到，考博之时，田先生不约我面谈，是否也考虑到我心理压力过大这一因素了呢？鼓励不等于没有约束。我毕业离校时，他建议我一年发表文章最好不要超过三万字，这显然又是一种委婉的约束。

现在回想，我从事学术研究的信心，来自田先生的鼓励；没有过分追求学术成果的数量，得益于他的约束。不是他这种因时而异、收放结合的教育方式，我能否继续坚持学术研究，即使坚持，在学术道路上会走多远，会走向何方，都是很大的疑问。

有朋友曾问我田先生是如何指导我读书的，我多以"说不清楚"作答，朋友说我"数典忘祖"。朋友当然是开玩笑，我的回答却是认真的，因为在我的印象中，向田先生请教学业方面的问题，他似乎更喜欢用比喻，很少直接做说教式的回答。

比如，我问他如何查找正史以外的资料，他说，中药铺的郎中从各种药匣中抓药，一拿就准。问他如何算是一篇合适的博士论文选题，他说，找油田，仅找到一口井并不是油田，甚至有几口井也未必是油田，必须数口井在同一个区域，才是油田。问他如何将文章写好、写深刻，他说，在大街上寻找线索，未必能破案，即使能破，也不证明警察有能力，必须深入曲折幽暗的胡同、小巷，找到不易为常人察觉的各种蛛丝马迹，组成有效的证据链，挖出幕后的真相，警察才算高明。

这些并非直接的回答,既堪回味,又予人以深刻的印象,使我对从事史学研究必须具备的一些基本素养有了深刻的认识。

田先生治史,讲求读书得间,论从史出。但何谓"读书得间",仅凭空洞的说教,学生恐怕是难以领会其中真意的。田先生通过《三国志·吴书》读书班,展示了不少读书得间的具体范例。

印象比较深刻的一个例子是《张温传》的如下记载:"(张温见孙权)罢出,张昭执其手曰:'老夫托意,君宜明之。'"读至此处,田先生见我们没有发现任何问题,问道,张昭托付给张温的,到底是什么呢?大家不禁面面相觑。当时我自然不敢发问,几年以后,我问他是否知道了问题的答案,他说,他一直在思考,但仍不得其要。

这个没有答案的问题使我明白,做学术研究,答案固然重要,但答案毕竟从问题而来,所以问题更重要。发现的问题,或者受制于史料,或者受制于个人认识问题的角度,也许永远不会有答案,但问题越多,读史收获就越大,以前没有答案的问题与其他问题结合起来思考,也许可以找到其间一以贯之的线索,从而得到较为深刻的解答。没有问题或者放弃没有答案的问题,也许就意味着错过了与历史问题交流的诸多机会。可以说,这些年来,田先生所问的这个没有答案的问题,在相当程度上影响了我的学术研究。

但是,与读书班不同,撰写博士论文期间,田先生很少在具体问题上给我提出建议或意见,更多是凭借他深厚的学术素养以及敏锐的历史感觉,从宏观方向上加以把握和引导。他和我讨论论文选题,提醒我是否可以考虑在前面那篇作业的基础上发展。那是一篇很短的文章,我没有想过可以做博士论文,田先生对论文的发展方向提出了几种可能性,我如梦初醒,茅塞顿开。

但就每一个方向再继续询问时,他沉默了一下,看着我说道,在这些方面，你应该是专家，如果我都能回答，就不用你写了。他继续提醒我，在你研究的领域，你应该做到比别人看得更高、更远、更深。当时我对这样的说法未免不以为然，总觉得作为导师，他应该说得更具体一些。

以后自己做研究时间长了，也带了研究生，才真正认识到宏观方向的把握是多么重要，多么不易。而具体问题一方面导师确实未必比学生了解更多，另一方面，导师的面面俱到必定会制约学生的独立思考能力，这种能力的缺失又将制约其从事古代史尤其是魏晋南北朝史研究所能达到的高度。

对具体问题的处理不越俎代庖，意在培养学生独立思考的能力，但田先生并非不关注我博士论文涉及的具体问题。1995年暑假我在老家，忽然接到他的电话，我以为发生了什么大事，原来是他看到一条史料，怀疑可能与我的论文有关，所以特别提醒我留意。至于手写论文中出现的错别字，田先生也不会放过，但不是一一修改，而是仍然以他独特的方式加以提醒。

比如我将"学""尚"的部首相混，他做了一个很长的批注，指出两者在古书中有繁、简之别，并标出前者的繁体写法，又举某名人为中关村小学题名将两者相混为例加以说明。他确实无须将错别字一一修改，因为这一个生动的例子足以使我当时包括以后，对论文细节的处理不再无心、不再散漫。

田先生素以文笔简洁、精炼著称，我想这与他的天赋有关，但更重要的，还是他精益求精的结果。我读博伊始，觉得自己很难写出十万字篇幅的论文，田先生告诉我，不必十万字，三万字即可毕业。我知道，田先生很少开玩笑，他说话的表情也是严肃认真的，当时我挺高兴。没想到，田先生又加了一句，这三万字一定是你十万字改出来的。他的回答有点黑色幽默的性质，但暗示给我一个道理：

好文章与篇幅没有关系，相反，真正的优秀文章，一定是作者思想、观点的极度浓缩，而这又是反复修改的结果。

他曾跟我说过，他较早的文章也拖沓冗长、晦涩难懂，后来一位读者来信问，为什么别人的文章深入浅出，你的文章却浅入深出？他说这对他触动很大，以后写文章，便尽量将长句拆成短句，尽量写得通晓易懂。最后一版《东晋门阀政治》的出版，我和彦弘兄做了一些校对的琐事。在我校对的后半部分，发现田先生在第五版的基础上又做了诸多修改，其中既有史料的增删，也有字句的订正。田先生在这方面的言传身教逐渐使我领悟到，优秀的学术作品不仅表现在内容方面，同样也表现在结构和文字上。

导师带学生，方法自然各异，但有一点可以肯定，纯粹的说教永远没有现身说法有效，这是我跟田先生读书最深切的感受。他很少说一些空洞的大道理，而是结合自身的治学感悟和治学经历启发学生，让他们自己去领悟、去理解。他讲读书得间，是现身说法；他讲文章的修改，同样是现身说法。《孙吴建国的道路》撰写期间，田先生在读书班上为我们讲解了这篇文章的构思、布局、史料和观点，剖析得细致精微、深刻独到。

后来我问他，这样毫无保留地和盘托出，别人知道后撰文怎么办？他说，别人能写出来挺好的，我不写就是了。其实，他完全可以讲一篇已刊文章，但当老师多年以后，我理解了他的做法。旧文章固然可以讲，但远没有正在思考的文章感受深切，这既包括对史料的解读，也包括面对疑难问题的困惑。我想，在他看来，只有现身说法，讲出自己的这些深切感受，学生对学术研究才可能有较为深刻的领会和理解，领会了，理解了，就可以转化为学生的学术养分，至于别人是否就此撰文，也许对他来说，真的不是特别重要了。

毕业以后，我在高校任教。他暗示的问题，我依然存在，他提出的希望，我更是没有达到。这时常让我感到惭愧，但是，没有他形象生动、现身说法的教诲，也许我永远不会对教师这个职业产生更多的尊敬，也永远不会对学术抱有一颗敬畏之心。

田先生的研究是一幅工笔画

佛经有言："我于彼前，皆现其身，而为说法，令其成就。"这句话用在田先生身上是恰如其分的，他希望任何一位学生学有所成，所以他谆谆教诲，所以他现身说法。他对后学期望如此之高，如此之深，是有原因的。田先生能心无旁骛地投入学术研究，已经到了晚年，谈起过去因政治原因而丧失的大好年华，他总是相当沉痛，他希望学术在继承的基础上，能有巨大的突破，他把这一希望寄托在了下一代学者身上。

他不止一次地说过，现在没有政治运动了，从事学术的环境好了，你们这一代应该出几个陈寅恪，也会出几个陈寅恪的。在各种文章及发言中，他不止一次地提及陈寅恪和唐长孺先生对魏晋南北朝史研究的巨大贡献，高度评价前者的拓荒之功，称赞后者接续前者，竖立了一个新路标。

在不久前北大举行的"田余庆先生逝世周年追思座谈会"上，吴宗国先生将田先生和陈寅恪先生进行了比较。他认为，陈寅恪先生有宏观理论，但对细节缺少关注，理论经常落不到实处，在这方面田先生做得更为优秀。

宋人韩拙曾言及写意画和工笔画的区别："用笔有简易而意全者，有巧密而精细者。"如果说陈寅恪先生的政治史研究是一幅写意画，以粗放、简练的笔墨，勾勒出了研究对象的形神，那么，田先生的研究则是一幅工笔画，以细腻、严谨的笔墨，还原了研究对象的形神。两者的不同，是学术所处的不同时代决定的。

陈寅恪先生处于学术拓荒的时代，探讨较长时段内的历史发展规律，远比挖掘细节更为迫切，他也有完成这个任务的素养和能力，所以，他构建了魏晋隋唐历史演变的宏大理论框架，但是，因为缺少细节，他的理论框架是略显粗糙的。唐长孺先生同样重视宏观理论的探讨，但已经不再是粗线条的描述，而是转向以具体的史料阐释理论，他的理论因此呈现出精致化的特点。

到田先生这里，他将研究目光集中于他所擅长的政治史领域，细细咀嚼在许多人看来几近题无剩义的史料，从细节出发，去探讨较短时段内的历史发展规律。就研究视野的开阔性和研究领域的广泛性而言，田先生较陈、唐两位先生是略逊一筹的，但是，由于更注重细节，更擅长从细节出发去追寻历史发展的线索，所以他的结论更不容易动摇，他的理论也更为细致、更为精微，他的政治史研究继陈寅恪先生之后，确实迈上了一个新的台阶。

一个时代有一个时代的学术，优秀的历史学家之所以优秀，之所以在学术上获得突破性的进展，是因为他们在继承前人的基础上，找到了适合那个时代，也适合自己的研究方法。在这方面，田先生无疑是成功的，他的成功为后来的学术研究提供了一个很好的范例。

任何一位历史学家无论有多优秀，他的研究总是有破绽可寻的，田先生也不例外。最近有研究者包括我自己，对《论轮台诏》的观点提出了不同的看法，田先生应该是愿意看到这种交流和对话的，因为《东晋门阀政治》在一版再版的过程中，就吸收了不少学界的建议和意见。

对学术观点提出不同甚至相反的看法，当然有意义，不过，在我看来，这可能不是最重要的。一部学术作品的生命力不在于观点是否正确，而在于是否具有启发性，毕竟学术观点主要是供人思考的，而不是供人记忆的。除此而外，是否具有方法论上的意义，也同样影响着学术作品的生命力。

有人评价《东晋门阀政治》说："他的结论也许不被人接受，但其启迪之功却是无法抹煞的。"和《东晋门阀政治》一样，《论轮台诏》以及田先生的其他作品同样有启迪之功，这不仅指他的学术观点，也包括了他的方法论。在这两方面，田先生同样为后来的学术研究提供了很好的范例。

田先生经常被冠以"著名历史学家"的称号，在他去世后，也出现了"国宝级大家"这样的尊称。说实在的，我不觉得类似的称号能代表田先生为师、治学的特点和风格。这些称号虚无缥缈，没有多少实质性的内容，特别是"著名历史学家"，似乎已经变得烂俗，其中名不副实者为数不少，沽名钓誉者更是所在多有。

我觉得，"严谨、睿智的历史学家"也许更适合他。"严谨"代表了他的态度，"睿智"代表了他的禀赋。作为一位学者，他是严谨、睿智的；作为一位导师，他同样是严谨、睿智的。睿智是无法模仿的，但严谨却可以效法。在一个浮躁功利、物欲横流的时代，心灵的净土正日益流失，我们被迫放弃的原则已经太多，能够挽回的却相当之少，可以把控的，也许只剩下了严谨的态度，这也是为师、治学最应该坚守，也最可能坚守住的最后一道底线。

田先生晚年有张照片，照片中的他正携杖离去，留给人们的是一张背影。据说他特别喜欢这张照片，我不知道这其中的原因。但是，照片中即将远去的背影确实给人遐想：他似乎带走了什么，又好像要留下什么。他要带走的，不得而知，他要留下的，也许就是他一生中十分看重的严谨态度和淡定人生吧。

2015 年 12 月 31 日完稿，2020 年 8 月 25 日修订

（原载 2016 年 2 月 16 日《南方周末》，作者为中国人民大学历史学院教授）

寻找先生心中的"地火"

徐 冲

作为一位八〇后,我 1999 年入北京大学读书时,田余庆先生早已不再担任教学工作,因此无缘亲身领略先生的授课风采。即使在进入研究生阶段后,见面的机会也不过一年两三次的样子。但先生于我,却有着一种难以言传的熟悉感。学习魏晋南北朝史,先生的三册名著自然是时时研读琢磨的对象。但更多的印象,是通过我的老师们在授课与言谈中不断提到的"田先生"而塑造成形的。记得 2007 年开始考察汉唐间正史中所谓的"开国群雄传"问题时,业师阎步克先生即说这个问题当年田先生讲课时就提到过,很有意思,让我大受鼓舞。北大魏晋专业研究生有一个非常重要的日常训练,就是跟随老师一起研读《通鉴》的中古部分。我当时是跟罗新老师读的,收获极大。这一传统据说也始自田先生。

第一次有机会拜见先生本人,是 2003 年研究生入学之后。当时由阎步克老师居间联系,我们几位魏晋史方向的研究生同学一起去先生家中拜访。因为之前多次听说过先生过去如何严厉、学生们——其实是我们的老师辈——如何害怕的传说,心里异常紧张。没想到开门迎接我们的是一位慈祥的老人,聊天时也全无"权威"的架子,极为平实自然。后来听说先生在新世纪后变得温和了许多,但过去的学生去见他时还是多有心理阴影,反而不如我们这些八〇后年轻人放松。那天因为人比较多,具体谈的话题已经记不清了,但先生在提到某一问题时瞬间炯炯的眼神，印象深刻，可以依稀想见当年的虎威。其时恰逢先生新著《拓跋史探》出版不久，我带去一本厚颜索要签名。今天翻检，竟是手头唯一的先生亲笔。

先生出版《拓跋史探》时，已经是八十岁的高龄，却仍然能够开拓如此新境。我们同门之间谈论时，也常常叹服于先生晚年学术思维的敏感和对学界新动态的关注。2007年夏天开始，在阎步克老师和罗新老师的支持下，我和一些海内外学界朋友组织了一年一度的"中国中古史青年学者联谊会"。前两届联谊会在北大中国古代史研究中心举办时，先生均专程到场出席，第一届会议时还专门自宋人笔记中摘出"博不病荒，精不病馁"八字赠与青年学者。相信除了对后辈的勉励之意以外，先生心中对于我们这些新生代关注的课题一定也有着不小的兴趣。那两次会议他都是坚持听完整个上午的报告后才离开的。后来联谊会会刊《中国中古史研究》创办后，每卷我都会专门寄一本给他。遗憾的是最新的第四卷2014年岁末刚刚出版，竟然再无呈送的机会了。

2014年8月23日晚，借人大历史学院主办第八届联谊会的机会，我们幸运地邀请到先生来与青年学者座谈。这可能是先生在学界最后一次公开露面。据罗新老师说，先生在公开场合发言，向来都是精心准备，遣词造句常常反复思量数日之久。而那一晚的田先生，却是十分特别的。虽然入场时腿脚略显不便，但坐定后面对来自日本、韩国和中国大陆、台湾中古史学界的数十位青年后生，九十高龄的先生精神甚佳，思路清晰，谈吐有力，侃侃而谈一个多小时仍无疲态，给予我们莫大鼓励。虽然话题都是因青年学者的提问而起，但先生毫不避讳地谈到早年的求学历程、对唐长孺先生学问的评价、和台湾逯耀东先生的交往等内容，现在想来，或许也是因为在那一场合别有一番心绪的存在。

寻找先生心中的"地火"

先生仙逝后,我匆忙赴京参加告别仪式。返沪后的 12 月 30 日上午,即有复旦历史系本科生的中国古代史课。上课前我特意花了十多分钟的时间向学生介绍先生的生平与业绩。大屏幕上打出了罗新老师在微博上发布的那张背影照片,据说先生自己最为满意。

看着屏幕上先生的背影,与记忆里的一帧剪影似乎重叠起来。那是 2008 年的清明节,在周一良先生逝世七周年之际,先生与祝总斌先生还有阎步克、陈苏镇、罗新、叶炜诸位老师一起去给周先生扫墓,我们魏晋专业的几位研究生随侍。周先生的墓园在北京西郊,记得当天刚刚下过雨,路上有些泥泞。先生着一双布鞋,和祝先生、阎老师、罗老师等走在前面。看着他们的背影,想到不久前在潘家园买到的两本旧书,是先生二十世纪七十年代在中央党校上课时编写的秦汉史和魏晋南北朝史讲义。忽然很想问问先生,当时是否就已经想到了《释"王与马共天下"》那样的问题?

在 1979 年第 3 期的《中国史研究》上发表了这篇论文后,十余年时间里,先生构筑了魏晋南北朝史领域的崇山峻岭,垂范后学。现在已经没有机会再向先生问出这个幼稚的问题了,但我还是会想到鲁迅在《野草·题辞》中说的话:"地火在地下运行,奔突;熔岩一旦喷出,将烧尽一切野草,以及乔木。"我很想去寻找 1979 年之前先生心中的"地火"。

(原载 2015 年 1 月 11 日《东方早报·上海书评》,作者为复旦大学历史学系副教授)

松散与亲密
——北大魏晋南北朝史方向的重建与学风传承

陈侃理

北京大学历史学系中国古代史专业的魏晋南北朝史方向在学界享有盛誉，无论学术研究还是学生培养，都有令人瞩目的成就。但很少有人注意到，魏晋南北朝史并非北大的传统优势学科，现在的学术传统是改革开放以后才建立起来的。在短短三四十年中，大学如何建设一个高水平的学术方向，形成学术传统？学术传统的核心应是什么，又如何得以维系？这是大学面临的普遍性问题，也是高等教育研究的应有之义。笔者并非教育学的专业研究者，讨论大学传统，颇感惶恐，只能选择自己熟悉的学科方向，尝试做历史的考察。这样，或许能为大学研究提出一个可供参考的个案。

回顾北大魏晋南北朝史方向的历程，其成功有多方面的原因，而最重要的因素是在重建之初形成优良的学风，并传承至今。

这里所谓的"学风"，无关乎学术观点，也不是具体的观念、方法和课题。历史学探索已经过去的人类活动，研究对象的已经凝固，特别是古代史研究，所能利用的资料有限，即便因新发现而增加，也终有一天会被穷尽。历史认识的推进，历史学的存续与发展，不能不依托于研究者的个性，需要每一代人以自己的心灵重新思想过去。因此，观念、方法和问题意识应该不断更新，让它们简单地在师生间代际复制，并不是真正意义上的学风传承。

能在代际间传承的学风,是一种更为抽象的学术价值观,表现为对待学问的风格,更具体一点说,包括学者如何看待学问、研究对象、同行同事以及自己的老师和学生,如何处理与之的关系,以什么作为事业的终极追求。现代学者以学术为业,不能不面对这些问题。学院中的学生特别是研究生,作为预备学者也主要通过观察老师,思考如何面对这些问题。师生是"学"的主体,他们之间的言传身教和摹习熏染,不仅传承,而且也塑造着学风。

魏晋南北朝史方向的发展史,可大致分为两期。从1978年至二十世纪九十年代中期是学术重建和学风形成的时期,二十世纪九十年代中叶至今可以说是学术发展和学风传承的时期。在前一时期,第一代学者周一良(1913—2001)、田余庆(1924—2014)、祝总斌(1930年生)发表了各自的代表作,共同培养了一批优秀的青年学人,实现代际交替;后一时期,1950年以后出生的第二代学者迅速成熟,承担起主要的教学任务,丰富学科内涵,拓展研究领域,并使前一时期形成的学风得以传承。正文前三部分主要论述第一阶段,最后一部分略述第二阶段。

荀子说:"学莫便乎近其人。"[1]这是说,人与人的直接交流在学问中至关重要。所谓大学,本质上是把做学问和想学习的人聚集到一起,使之相"近"。学风传承,人是最主要的媒介和唯一的实践者。讨论学风,离不开具体的人。本文所涉及的人物大多是笔者尊重的前辈、师友,但文中均直呼其名,既为避免烦琐,也是希望从客观的角度叙述和分析。失敬之处,相信他们能够原谅。写作中得到多位老师、学友的帮助,但毋庸赘言,行文论事终究不可能完全排除主观的理解和感受,其间的错误、失当之处都由笔者个人

---

[1] 《荀子·劝学》,王先谦《荀子集解》,中华书局,1988年,第14页。

负责。对此，读者自能鉴察。

一、"松散而亲密的联盟"

近代新史学建立以来，魏晋南北朝史作为一个研究非统一王朝的"小断代"，从业人数不多，研究水平却很高，产生了陈寅恪、唐长孺等多位名家和最顶尖的研究成果。然而，直到二十世纪八十年代以前，北京大学在其中的角色仍无足轻重。二十世纪二十至三十年代在北大担任过魏晋南北朝史相关课程的本校教师，有邓之诚、蒙文通、钱穆等[1]，皆为通儒大家，但无一专治这段历史。1935年蒙文通离任后，魏晋南北朝史课程出现了多人分任的窘况[2]。抗战后北大复校，才有余逊（1905—1974）专任魏晋南北朝史课程。可惜余的教学影响不大[3]，且1954年起便因病不再开课[4]。在1952年院系调整中调入北大的周一良本是魏晋南北朝史名家，当时却服从组织安排，转行从事世界史教研。魏晋南北朝史的教学只得由青年教师田余庆接手。田从近代史转入古代史教研室未久，在魏晋南

---

1 参看尚小明《北大史学系早期发展史研究（1899—1937）》，北京大学出版社，2010年，第35—41页。
2 蒙文通离开北大及其后的课程情况，参看钱穆《师友杂忆》，岳麓书社，1980年，第153—154页。
3 参看宁可《回忆在北大受业时的四位老师》，《光明日报·史学》，2008年5月4日。
4 周清澍说，1953年，翦伯赞因准备编写《中国史纲要》，指定以余逊为主，加上周一良和他自己，在历史系组成魏晋南北朝史研究中心，后因周先生任教亚洲史，余先生罹疾而作罢。据2018年9月20日苗润博转发本文至朋友圈后，周清澍的评论。

北朝史研究方面尚无积累[1]。此后政治运动频繁，直到"文化大革命"结束，正常的研究活动都难以充分展开。"文化大革命"结束后，周、田二人又因"梁效"问题受到政治审查，隔离学习，两年中不得从事教学。这就是四十年前北大魏晋南北朝史方向的状况。

1978年秋，周一良、田余庆结束审查，回系恢复工作。此时，77、78级本科生也已相继入校。师生们都感觉到，一个新时代开始了。这种气氛，促使周、田与年轻一些的同事祝总斌，在魏晋南北朝史的教学、研究中走到了一起。

周一良在"梁效"审查期间，因重读"二十四史"而"旧欢重拾"，开始撰写《魏晋南北朝史札记》[2]。他生在宦学世家，曾祖周馥在清末官至两广总督，父亲周暹（字叔弢）是著名民族资本家、藏书家和爱国民主人士。周一良少年时，随家庭教师学习古典经史和日语、英语，在书法方面也训练有素，是所谓"世家子弟"。从燕京大学文科研究所毕业后，他入史语所工作，写出多篇魏晋南北朝史重要论文，时论以为贡献仅次于陈寅恪[3]。抗战中，他赴哈佛大学留学，获得博士学位归国后，任清华大学历史系教授，1952年经院系调整转入北大。二十世纪五十年代，周一良已是知名教授，

---

[1] 关于周一良改行和田余庆转而从事魏晋南北朝史教研的过程，参看周一良《毕竟是书生——我的自传》，收入赵和平主编《周一良全集》第7册，高等教育出版社，2015年，第39页；田余庆《周一良先生周年祭》，收入《师友杂忆》，海豚出版社，2014年，第53—54页。

[2] 在"梁效"审查期间的情况，见周一良《毕竟是书生——我的自传》及《中国文化书院访谈录》，《周一良全集》第7册，第66—67、213页。写作《魏晋南北朝史札记》的情况又见周一良《致谭其骧（1978年10月21日）》，《周一良全集》第10册，第41页。

[3] 顾颉刚《当代中国史学》，《顾颉刚古史论文集》卷12，中华书局，2010年，第399页。此书为顾颉刚与方诗铭、童书业合著，写作于1945—1946年，1947年1月初版。

但他1963年出版的《魏晋南北朝史论集》所收论文都作于1949年以前[1]。中年奉命改行,使他未能在魏晋南北朝史领域尽情施展[2]。

  田余庆早年家境平凡。他目睹旧中国的贫穷和破败,志在"济世度人",先学医,后入西南联大政治系,因不满于所学无关中国现实,大三转至北京大学史学系[3],在学时还参加了地下党[4]。1950年毕业后,田余庆成为北京大学历史系党务的负责人之一,任文科研究所民国史研究室助教,参与整理中国近代史史料。不久,他进人民大学研修班学习,听到苏联专家讲课,只根据《联共(布)党史》的说法照本宣科,意识到近现代史在当时的环境下缺乏独立思考的空间,难以开展学术研究,故而借院系调整重组之机转入中国古代史教研室。不久,余逊病倒,田遂接手秦汉史和魏晋南北朝史课程[5]。此后,他又成为历史系主任秦汉史家翦伯赞的学术助手,负责《中国史纲要》秦汉魏晋南北朝部分的撰稿。然而,尽管他落脚史学研究后"充满欢心和干劲",环境却不允许他沉潜治学,很快"文化大革命"降临,让他失去了"读书人最能拼搏出成果的十年"[6]。

---

[1] 周一良《魏晋南北朝史论集》引言,中华书局,1963年,第1页。

[2] 关于周的家世和早年经历,见周一良《毕竟是书生——我的自传》,《周一良全集》第7册,第2—39页。

[3] 田余庆在北大史学系学习表现优异,邓嗣禹晚年回忆1946—1947年在北大任教的经历时,曾提到田是他记忆中的"高才生"之一。见彭靖著《尘封的历史——邓嗣禹和他的师友们》之"胡适聘我在北大任教",壹嘉出版,2018年。

[4] 田余庆的家世及早年经历,据他在2014年5月18日在北京大学中国古代史研究中心对笔者及诸位师生的口述。又可参看田立《回忆父亲田余庆先生》。

[5] 参看田余庆《我的学术简历》,北京大学中国古代史研究中心编《田余庆先生九十华诞颂寿论文集》,中华书局,2014年,第7页;林被甸《田余庆先生为何放弃近代史研究,转向古代史?》。

[6] 参看田余庆《我的学术简历》,《田余庆先生九十华诞颂寿论文集》,第7—10页。

松散与亲密

祝总斌生在职员家庭,因家庭变故,高中未毕业即辍学。1949年,他参加革命,入华北革大,1953年毕业后分配到中央干部政法学院工作,1954年调入北京大学法律系,辅导讲授中国政治和法律制度史,1972年转至历史系[1]。祝总斌兴趣广泛,所学不受史学科班训练的所限,在小学、诗文、名物、天文历法等方面均有丰厚的积累,尤其擅长中国古代官制和法制史。但在1978年以前,他除了参加过《论衡校注》编写组外,还没有机会发表自己的史学研究成果。

时至1978年,周一良已经到了如今教授的退休年龄,田余庆、祝总斌也正由中年步入老境。但时代的变迁,让他们重拾了学术的青春。田余庆回忆,他与祝出于对周先生的敬重而找到他,"希望他能领着我们开展研究","多少有拜师的意味"。周则以"松散的联盟"一语,为三人的关系定了调[2]。在这个非正式的魏晋南北朝史教研"联盟"中,三人相互传看作品,反馈意见,帮助修改[3]。经过反复互动,他们建立起君子之交,指导研究生时密切配合,奠定了魏晋南北朝史方向重建的基础。

周一良晚年回忆说,他们三人"形成系内魏晋南北朝史方面松散而亲密的联盟"[4];田余庆则指出,"'亲密'一词,是他根据后来十余年中我们在科研方面的联系加上的"[5]。这两字之增,反映出三人关系的变化。研究领域相同的杰出学者,本就不容易保持

---

1 祝总斌《我与中国古代史》,原载《学林春秋(二编)》下册,此据《材不材斋史学丛稿》,中华书局,2009年,第1页;孟彦弘《记祝总斌先生——写在〈两汉魏晋南北朝宰相制度研究〉新版之际》,收入北京大学历史学系、北京大学中国古代史研究中心编《祝总斌先生九十华诞颂寿论文集》,中华书局,2020年。
2 田余庆《周一良先生周年祭》,收入《师友杂忆》,第57页。
3 参看田余庆《关于子贵母死制度研究的构思问题》,见《拓跋史探》,三联书店,2003年,第94页。
4 周一良《毕竟是书生——我的自传》,《周一良全集》第7册,第39—40页。
5 田余庆《周一良先生周年祭》,见《师友杂忆》,第57页。

长久的亲密友谊，五十年代以至"文化大革命"，接连不断的政治运动，又粉碎了传统的人际关系。教授同事之间，即便最亲近的朋友也被发动起来互相批判，揭发隐私，友情和信任一旦而毁，彼此愈加不敢深交。田余庆晚年曾对留校任教的罗新说："你们现在很幸运，同事也会成为朋友。"[1] 了解了这个背景，不难推测，八十年代初周、田、祝"联盟"的"松散"中仍带着谨慎。风吹雨打过后，这三位早年经历迥异的学者同事，晚年能由"松散"变得"亲密"，就更显难得了。这中间的纽带除了学术，还有谦逊乐道的品格。

三人"联盟"中积累最久、成名最早的周一良，很快就在业务方面由衷地欣赏两位同事兼同行。他在晚年回忆中提到这个"联盟"，称田余庆"好学深思，成就卓然，成为我的同行畏友"，称祝总斌"为我钦服"[2]。类似的表达，还见于他的私人信件中。1983年，周致信同学老友历史地理学家谭其骧教授，纵论旧友新知，对田、祝两位都极力赞赏推举。他说，田余庆"能探赜索隐，钩深致远"，又有祝总斌，同治秦汉魏晋南北朝史，"皆能深入，时有新著问世，为一良所钦服，不知我兄亦曾注意及之否"[3]。1988年，周还在中山大学举办的纪念陈寅恪先生大会上发言，大篇幅赞扬田、祝二人的研究"自觉地运用唯物辩证法来处理历史问题，善于分析与联系"，"能迭出新见"[4]。周一良在公、私场合推奖同事，甚至引起外界的误会，后来不得不公开解释："我说，田先生在某些方面，他的工作胜过陈先生。有人误会，以为我说田先生全面超过了陈先生，

1　罗新《清商远路自徘徊》。
2　见周一良《毕竟是书生——我的自传》，《周一良全集》第7册，第39—40页。
3　周一良《致谭其骧（1983年1月29日）》，《周一良全集》第10册，第50页。
4　周一良《纪年陈寅恪先生》，初载纪念陈寅恪教授国际学术讨论会秘书组编《纪念陈寅恪教授国际学术讨论会文集》，中山大学出版社，1989年，此据《周一良全集》第2册，第370页。

我不是那个意思,我只是说,在某些问题上,田先生超过了陈先生。"[1]陈寅恪是周的老师和偶像,周将比自己年轻的田与之相提并论,显出他率真、乐道的气度。

周一良乐于接受同事的批评,并且公开表彰,田、祝对他则十分尊重,三人在学术上有着愉快的互动。祝总斌回忆,他曾对《魏晋南北朝史札记》初稿提出几点意见,周不但表示赞许,还在定稿出版时正面转述他的看法[2]。这使同事深切感到周的谦逊和真诚。田余庆写道:"周先生青年时已是魏晋史名家,在我与他交往中,他却从不以师道自居,也不多谈专业学术问题。他对我的影响毋宁说是在不知不觉中形成的。周先生实际上对我起着引路作用,但又没有多少言论可以记述。"[3]从中可以看到田对周的尊敬,也可以体会周在学术交往中的涵养和风度。田、祝对周有"拜师"之意,而周并不将自己放在老师的位置上,以平等的姿态给予帮助,在田看来是近乎"不言之教"。对小自己17岁的祝总斌,周的指点则约略有迹可循。祝回忆《略论晋律的儒家化》一文初稿送周请教的情形:"他便指出:研究晋律和礼、法关系,不能局限于晋代,要'上挂下达,非通史精熟者不办'。这对我启发很大。"[4]这种高屋建瓴的点拨,对成熟学者恰到好处。祝尊重周而能虚心接受,从中获益。祝1989年秋在所著《两汉魏晋南北朝宰相制度研究》一书的后记中说"周一良教授、田余庆教授看过初稿,提出了宝贵意见,并在

---

[1] 周一良《向陈先生谢罪》,《周一良全集》第7册,第323—324页。
[2] 祝总斌《我与中国古代史》,原载《学林春秋(二编)》下册,此据《材不材斋史学丛稿》,中华书局,2009年,第13页。
[3] 田余庆《周一良先生周年祭》,见《师友杂忆》,第57页。
[4] 祝总斌《我与中国古代史》,《材不材斋史学丛稿》,第11页。

精神上给予极大鼓励"[1]，反映出三人在学术上的密切往来。此外，祝和田还都曾得到周慷慨出借藏书，感谢他的无私帮助[2]。

在这些交往中，周、田、祝三人的信任逐渐加深，建立起淡泊而真挚的君子之交。周曾赠给田一把折扇，扇面题字出自《晋书·石勒载记》，其文云："尝使人读《汉书》，闻郦食其劝立六国后，大惊曰：'此法当失，何得遂成天下？'至留侯谏，乃曰：'赖有此耳！'"[3]这是周将田比作张良，感谢他匡正自己之失。周长于钟鸣鼎食之家，晚年虽历坎坷，仍是书生意气；田则在青年时代就投身革命，屡经世变，对物情洞察较深。从田余庆的回忆文字中可以窥知，八十年代中期以后，他的匡谏已不限于学术范围之内[4]。赠扇题辞，既可见学者融汇古今的雅趣，也反映出交往进入了更深的层次。田余庆说，周先生后来为"联盟"加上"亲密"二字，"准确地反映了实际情况，表达了他自己的感受，对我来说，也是荣幸"[5]。这个"亲密"除了指学术关系紧密，也应包含了精神层面上的理解。

二、没有门户之见

有学术上的相互欣赏、信任为基础，周、田、祝得以在研究生培养和学问传授上密切配合，不分彼此。他们性格、行事和学术风

---

[1] 祝总斌《两汉魏晋南北朝宰相制度研究》，中国社会科学出版社，1998年，第367页。

[2] 见田余庆《周一良先生周年祭》，见《师友杂忆》，第56—57页。祝总斌《怀念周一良先生》，见周启锐编《载物集——周一良的学术与人生》，清华大学出版社，2003年，第66页。

[3] 据阎步克《真理必叫你们得以自由》，见《载物集——周一良的学术与人生》，第236页。

[4] 田余庆《周一良先生周年祭》，见《师友杂忆》，第49—51页。

[5] 田余庆《周一良先生周年祭》，见《师友杂忆》，第57页。

格上的差异，有利于学生转益多师，获得丰富的滋养。他们的君子之交，也熏陶着学生的人格，影响着他们的交往。在八十年代到九十年代中期的十余年间，魏晋南北朝史方向形成了没有"门户之见"的风气。

二十世纪八十年代前期，周一良名声最大，不少学生慕名报考。但1986年，他就受"梁效"问题影响而办理退休，此后便将研究生都转入田余庆名下[1]。田、祝则常合带研究生。田的研究精深，而祝的学问博通，研究生入学后，通常先由祝领着读《资治通鉴》，熟悉文言文和基本史事，又通过修习祝的政治制度史等课程，初步掌握进入史学的"钥匙"[2]。这使北大魏晋南北朝史专业学生的研究，多具有制度史的意识和底色。学生初识门径后，田余庆的政治史研究便显示出巨大的魅力。89级硕士生罗新回忆，他本科毕业于文学专业，史学基础一般，入学第一年与田先生少有接触。在经过祝先生的训练而入门后，他偶然读到田的《隆中对再认识》，惊觉"原来历史论文可以写得这么引人入胜"，于是找来田的其他论著，"读得昏天黑地，如痴如醉"[3]。田给研究生上课的方式，是讲解他正在进行的研究，由此示范思考路径和分析史料的方法。当时的研究生不少人崇拜他，在论文选题和写法上加以模仿。祝总斌名下的83级硕士生陈苏镇回忆："当时对学生影响最大的还是田先生。周先生跟我们接触不多，但他注重小学功底，对我们也有影响。"周一良的研究生郭熹微认为，周"从文字、方法、学风上对学生严格要求"，

---

[1] 周一良《钻石婚杂忆》，《周一良全集》第8册，第119页。
[2] 参看孟彦弘《记祝总斌先生——写在〈两汉魏晋南北朝宰相制度研究〉新版之际》；罗新《清商远路自徘徊》；饶佳荣采访《罗新：有所为有所不为，就做一个学者》，澎湃新闻·私家历史（https://www.thepaper.cn/newsDetail_forward_2047328），2018年4月21日。
[3] 罗新《清商远路自徘徊》。

一字一句批改学生写的读书报告,"哪个字、哪个成语用得不对","都要一一指出"[1]。田余庆的85级博士生阎步克后来以官制史研究著称,在读期间曾被田派往周一良家中读书并提高英语水平。阎在第一本著作的后记中说:"要衷心感谢周一良先生,我曾有幸跟他读了半年多《世说新语》,其间颇多收获心得。"[2]八十年代中期以后,周不再直接指导研究生,与学生接触的机会减少。新学期伊始,学生去看田余庆,田说:"你们先去拜望周先生,他才是'大菩萨'!"周一良则对学生称扬田不但精于考据,而且"有思想、有理论"[3]。老师之间互相推重,促使学生向不同的师长请益,博集众长。从后来的发展看,阎步克的话题与祝总斌交集更多[4],陈苏镇的研究中也可以看到田余庆的影响[5]。

学生在选题和风格方面的自由发挥,得益于老师开明的思想和开放的态度。周一良认同早年史语所对待年轻人的方式,自己指导学生时,"也总是希望他们在广泛自由阅读的基础上自己定题目,不太喜欢那种貌似计划性很强的出题作文方式"[6]。周一良为鼓励学生开阔眼界,曾说:"研究魏晋南北朝史应该放宽视野,要么上通秦汉,要么下探隋唐。只盯着魏晋一段,没有出息。"[7]研究生郭熹微的回忆可以印证周的态度:"周师在学术上绝无门户之见,鼓励学生兼收并蓄。我们选修别的老师的课,有时候周师会很有兴

---

[1] 郭熹微《哭周师》,《载物集——周一良的学术与人生》,第197页。

[2] 阎步克《察举制度变迁史稿》后记,辽宁大学出版社,1991年,第341页。

[3] 据陈苏镇对陈侃理的谈话,2018年5月12日。

[4] 参看阎步克《品位与职位——秦汉魏晋南北朝官阶制度研究》后记,中华书局,2002年,第648页。

[5] 陈苏镇《田先生的研究具有典范意义》,《东方早报·上海书评》2015年1月11日。

[6] 周一良《毕竟是书生——我的自传》,《周一良全集》第7册,第22页。

[7] 据陈苏镇对陈侃理的谈话,2018年5月12日。

趣地听我们说上课的情形和心得。他鼓励学生独立思考，不为学生圈定框框。做毕业论文，周师不给出题，而是让我们在广泛阅读的基础上自己选题。"[1]这一点在周、田、祝三人中是共通的。罗新回忆，田自述在八十年代担任系主任时，曾召集在读研究生开会，提倡"转益多师"，而在魏晋南北朝史方向研究生中，更是坚持告诫不休[2]。

　　田余庆将"教学相长"作为自己的原则，认为师生之间不能只是灌输具体的知识，而要进行思想交流。他说："对于高层次的学生，特别是能力较强的博士研究生，我一般是以商量的态度跟他们探讨，不把问题和我的意见说得很死，留有余地。我愿意多听学生的陈述，激发学生自己思考，让他自己展开思路，我从中做必要的帮助。我只作建议，让他自行决断。"[3]他回忆，二十世纪八十年代中期到九十年代，共有8名博士生选题定在北朝，"如果不跟着他们转，就很难起释疑解惑的作用"，因而索性放弃原有计划，转入北魏史研究，后来写出了《拓跋史探》[4]。可见，他帮助学生的方式，是跟上他们的思路。这样，确实做到了"教学相长"。

　　田余庆认为"创新必须独立思考"[5]，反对学生机械地模仿和追随老师，经常告诫学生："泥我者死。"[6]他引用宋人吴曾对孟

1　郭熹微《哭周师》，《载物集——周一良的学术与人生》，第197页。
2　据罗新给陈侃理的电子邮件，2018年6月5日。
3　郭九苓采访《耄耋之年话教书——访历史学家田余庆教授》，原载北京大学《教学促进通讯》2009年9月24日，采访时间为2009年6月16日，此据《田余庆先生九十华诞颂寿论文集》，中华书局，2014年，第12页。
4　田余庆《关于子贵母死制度研究的构思问题》，见《拓跋史探》，第93页。
5　郭九苓采访《耄耋之年话教书——访历史学家田余庆教授》，《田余庆先生九十华诞颂寿论文集》，第16页。
6　何德章《历史学家与古人对话的智慧》，《东方早报·上海书评》2015年1月11日；饶佳荣采访《罗新：有所为有所不为，就做一个学者》。

子的阐发，主张"大匠诲人必以规矩，不能使人巧"。他认为，老师对学生只能传规矩，也就是教授历史研究中"实"的层面，包括对资料的搜集、占有、考实等；而领悟学问还要有细致的"巧思"，不能直接得自老师，须靠自己学会，"要有悟性，要多思，要独立思考"[1]。强调"独立思考"，也就是反对学生照搬老师的问题、方法、观点，在同一模式下简单重复，要求通过自己的思维，发现新的问题，形成独到之见，开辟自己的领域。田余庆所说的"巧思"，必须是研究者自得的，机械模仿，不能成其"巧"。这是"大匠"培育"大匠"的办法。

周、田、祝三位老师在对待学生时风格颇为不同，却没有产生矛盾，反而营造了紧张中不失和谐的气氛。周一良在八十年代已属于"老先生"，是"学术权威"。他对学生随和中透着威严，偶尔一句批评便给人以震撼，而在学生取得成绩时的褒奖又能给予极大的鼓励[2]。田余庆对学生要求严格，往往与研究生初次见面就"泼冷水"。他对本科学文学的研究生罗新说："从中文系、外文系改到历史系来的，少有成功的先例。"此后，田也时常"敲打"，让学生感到持续的压力[3]。祝总斌则被称为"菩萨心肠"，总为学生着想，认为一个人想学习，一定要想办法帮他[4]。学生受到挫折而缺乏自信时，常能从祝那儿得到安慰和鼓励。89级博士生何德章在2010年1月的一次师生聚会中说，"当年的田先生好比严父，祝先生就像慈母"，引得在座的田、祝两位和过去的学生们开怀大笑。

---

1 郭九苓采访《耄耋之年话教书——访历史学家田余庆教授》，《田余庆先生九十华诞颂寿论文集》，第13页。
2 参看胡宝国《怀念周一良师》，《载物集——周一良的学术与人生》，第248—249页。
3 罗新《清商远路自徘徊》。
4 饶佳荣采访《罗新：有所为有所不为，就做一个学者》。

这样的氛围既鞭策学生向前,又给予他们温暖,是有利于学生开拓进取的。

二十世纪八十到九十年代,一批具有独创精神和独立见解的青年学者成长起来。1982年,邓广铭、周一良、田余庆、宿白、王永兴等教授创办了北京大学中国中古史研究中心。这个中心有意仿效傅斯年主持的史语所,集中培养青年学者,开拓史学的新方向。以此为契机,八十年代中期毕业的研究生里,一批佼佼者得以留校任教。仅魏晋南北朝史方向就先后留下了胡宝国、陈苏镇、阎步克。八十年代中期至九十年代初,田余庆和祝总斌还招收、培养了多位博士生,魏晋南北朝史方向一时人物云集,盛况空前。当时,田余庆出任历史系主任,有意组织大家做集体项目,但众人响应不积极,便不了了之。多年后,几位青年学者各自做出成绩,田感慨:"不去争团体冠军,坚持单打独斗也不错。"此后,不组织申报大的集体项目,成为魏晋南北朝史方向的传统。这个传统,有利于促使学者坚持独立研究,产生自己的"巧思"[1]。

没有大的集体项目,并不意味着师生、同学之间缺乏交流。相反,他们的学术联系纯粹而紧密,同学之间切磋砥砺,学生也可以批评老师。

有人说,八十年代的学问是聊出来的。当时,青年学者几乎不考虑发表、求职、晋升的压力,没有形形色色的学术会议,反而更能在小范围自由而深入地讨论问题。陈苏镇、胡宝国都曾回忆过与阎步克三人彻夜长谈的经历。阎步克则在博士论文成书出版时写道:"我还要向学友胡宝国、陈苏镇、杨光辉诸位'哥们儿'致意,平

---

[1] 关于人文社会科学集体项目课题对师生关系和学术创造力的影响,参看施爱东《学术行业生态志:以中国现代民俗学为例》,《清华大学学报(哲学社会科学版)》2010年第2期,第9—10页。

时的神聊'砍山'中,他们的识见、才气与功力对我之启迪,于我实有'蓬生麻中,不扶自直'之效。"[1]有意思的是,"蓬生麻中"一语也被陈苏镇用在《汉代政治与〈春秋〉学》一书的后记里[2]。细读陈、阎二人著作中的汉代政治文化变迁和王莽新政等共同话题,体会他们使用概念、思路、方法、观点的异同,仍可依稀想见当年讨论时的思想激荡[3]。学友间的深谈,能够影响学者选择课题乃至研究道路,有时潜移默化,而有时是决定性的。陈苏镇回忆他下定决心以董仲舒《公羊》学为突破口研究汉代政治文化的历程,说:"我知道这潭水很深,深不见底,所以犹豫了。一天晚上跟胡宝国深入地聊了聊,大体上理清了此事之利弊。"[4]这样的长谈,对促使他下定决心应该很有助益。

学生们在畅谈中独立思考,自然会产生自己的看法,可能与老师不同。这些看法能否表达出来,往往取决于老师的态度。郭熹微回忆,周一良鼓励学生根据史料提出自己的观点,即便与他相左,也不以为忤[5]。胡宝国认为,田余庆有纯粹的学术兴趣,"不计较别人反驳他的观点"。他给田的两部专著写书评,都不回避自己认为的"田先生在学术上的局限性"。他说,这并非自己勇敢,而是因为了解老师"有着宽广的学术胸怀"[6]。陈苏镇对田余庆、祝总斌的观点,也都提出过具体的不同意见。他说:"大学者都有大胸

---

[1] 阎步克《察举制度变迁史稿》后记,第341页。
[2] 陈苏镇《汉代政治与〈春秋〉学》后记,中国广播电视大学出版社,2001年,第452—453页。
[3] 陈苏镇对此略有述及,见陈苏镇《研究中国古代政治文化的力作——读〈士大夫政治演生史稿〉》,《北京大学学报(哲学社会科学版)》1998年第1期。
[4] 陈苏镇《两汉魏晋南北朝史探幽》自序,北京大学出版社,2013年,第2页。
[5] 郭熹微《哭周师》,《载物集——周一良的学术与人生》,第197页。
[6] 胡宝国《以学术研究为宗教》,澎湃新闻·翻书党(https://www.thepaper.cn/newsDetail_forward_1292921),2015年1月11日。

襟,不会因学生提出不同意见而不快。相反,他们会期待和鼓励后学登上自己的肩膀,去触摸新的高度。"[1]

学生对老师的观点表达不同意见,反映出一种新型的师生关系。传统社会的师生关系通常是"师徒制"。"师傅"对"生徒"有高度的选择权和控制权,而"生徒"对"师傅"又有终身的依附性和服从义务。某位老师及其学生被合起来称为一个"师门",通常以老师的姓氏命名,构成一种拟制的血缘关系,老师是"家长",也是"掌门"。"师门"内部拥有共同的利益,崇拜共同的偶像,从而也封闭和排他,所以有"拜入门墙""逐出师门"这样的说法。现在,这种师徒关系的经济基础和社会制度已经消除或弱化,但相应的文化心理仍然存在,常在不知不觉中左右人的语言和行为。现代大学强调教育的开放、平等和知识的公共属性,有意打破旧式的"师徒制"。大学的教师和研究生导师必须"有教无类",既与不同背景的学生在学业上充分交流和深入沟通,又排除知识独占和人身依附。就中国而言,"新文化运动"对旧道德和旧秩序的否定,也在思想上为建立新型师生关系开辟了道路。

田余庆和祝总斌在学生培养方面的不分彼此,还有个人和时代的原因。田、祝在青年时代都投身革命,思想上有较强的"五四"印记[2]。他们进入魏晋南北朝史领域,都出于自身的兴趣和偶然境遇,没有特定的师承,更不属于哪个"师门"。他们的第一批研究生,大多来自77、78级的本科生,入校前已有较丰富的阅历,思想比一般大学生成熟,也更有主见。在八十年代积极向前的时代氛围中,他们多带有"启蒙"气质,与传统的"师徒"意识较为疏远。当时

---

[1] 陈苏镇《田先生的研究具有典范意义》。
[2] 有关田余庆的情况,可参阅步克《由小见大、见微知著》,澎湃新闻·翻书党 (https://www.thepaper.cn/newsDetail_forward_1292895),2015年1月10日。

的学校中，也没有太多的利益可供分配，让师生之间在学术之外缔结纽带。在此基础上，老师间关系融洽，有意识地合作指导研究生，加之研究生人数本就不多，也使得"门墙"不容易建立。上述因素叠加，造就了魏晋南北朝史方向"没有门户之见"的传统。这种学风是难能可贵的，它有利于学者不受束缚地追求学术的境界。

三、追求学术的境界

在周、田、祝三人中，周一良谦和渊默，以德为教；祝总斌通过他教授的课程，将不轻信、不盲从、实事求是的风格根植在学生心里。田余庆学术上的特点尤为鲜明，对学生的影响最大，也留下了比较多的文字资料。查阅这些资料，可以发现他几乎定义了此后北大魏晋南北朝史学风的格调。这种格调，可以归纳为"追求学术的境界"。

1991年夏天，田余庆为自己的论文集写序，引述"宁恨毋悔"四字，奉为治学圭臬。"宁恨毋悔"比较了两种感受："恨"，是想写作却没有条件，因未能写成而有遗憾；"悔"，是指有条件写作而作品不像样，令人后悔。这句话，他在平时言谈中反复提及，还用在了晚年的学术自传里[1]。"宁恨毋悔"反映出，田对失去的学术时光抱有遗憾，但在晚年仍不愿意降低标准，多出成果。他更看重学术的品质，有着极为严肃的态度和苛刻的自我要求。他说："华而不实之作，无独立见解之作，无思想内容之作，趋俗猎奇之作，我都不去考虑。"[2] 翻检他1980年以后的著述，不难印证这段自述。

田余庆这样要求自己，也用以鞭策学生。1986年，田在烟台出席学术会议期间生病，在医院的病床上，他对陪同的胡宝国说："你

1　田余庆《我的学术简历》，《田余庆先生九十华诞颂寿论文集》，第10页。
2　田余庆《我的学术简历》，《田余庆先生九十华诞颂寿论文集》，第9页。

还年轻,写文章不要追求数量,也不要追求职称,要追求境界,追求一生在学术上所能达到的最高境界。"[1] 在他看来,学者应该以学术为理想,对学术以外的事淡泊处之,在研究中也要有所不为,只有最高的境界才值得去追求。他主张中青年学者将力量集中到创新的努力方面,增加原创性的探索,填补、充实史学中的空白点和薄弱点,"哪怕个人的研究工作多绕点路,多费点时间,晚出点成果,也是值得的"[2]。胡宝国后来在自序中,描述探索学术问题的感受:宁肯在黑暗的隧道中艰难摸索,遭遇挫折,也不愿在阳光下散步,自欺欺人地"把入口处的光明当成了出口处的光明"[3]。这种探索,应是追求学术境界的一种表现。

什么是学术上的最高境界,如何追求最高境界?田余庆没有给出明确的答案。他说"一生",表明这种追求的长期性,也暗示了其个人性,"最高"是跟自己,不是跟别人比。因此,对"最高境界"的认识也应取决于学者个人的性格、趣味和能力,而追求境界的过程或许不免于孤独,需要学者有狷介而旷达的气度。阎步克在一部著作的后记中写道:"这部稿子首先是写给自己的——在多年的读史中,我对中国的政治传统和政治精神陆续生发出许多困惑;而这部书的写作动机,就是针对这些积年的困惑和疑团,来尝试对有关史实做一初步梳理,并试图求得一个初步回答的。"虑及学界可能的误解,他说:"如果是这样的话,任其(指本书)湮灭可也,我不会为之惋惜。毕竟,我只能做我能做的事,我做了我想做

---

[1] 胡宝国《以学术研究为宗教》。
[2] 田余庆《关于子贵母死制度研究的构思问题》,见《拓跋史探》,第96、107页。
[3] 胡宝国《汉唐间史学的发展》自序,商务印书馆,2003年,第2页。

的事，这就足够了。"[1]回答自己问题，做自己想做的事，体现了学术追求中的个人性，带着某种超然的意味。罗新在1995年完成关于十六国史的博士论文，但因为自己不满意，迟迟不肯发表，而是重新探索研究方法，开阔视野，将历史比较语言学、人类学等融入北方民族史研究中，直到2009年才出版第一部专著。在这期间，他成了历史系几位著名"资深副教授"之一。不难发现，师生之间对创新的理解未必全然相同，但在排除纷扰，执着于学术的境界方面，是一脉相承的。

中古史中心的师生中，流传着一些田余庆治学的言行，应可反映他的一部分认识，也成为学风的重要内涵。

首先是"读书得间"。这里的"书"特指第一手史料。田余庆主张，研究从读书开始，学思结合，读书得间，就能比较快地发现问题。读书得间有两个层面，一是要通过读书来发现问题，二是读书不能停留在字面上，而要深入思考，去发掘字里行间的意思。阎步克说："他经常以'读书得间'教导我们学生，即读书治学，首先要在字里行间细细玩味，发现微妙线索，然后努力将之深化、拓展、升华；而不是预定纲目，照章填充。"周一良也有类似的倡导，他在课上教学生，读书要"read between the lines"[2]。罗新回忆："周先生、田先生，最喜欢说的一个词叫'读书得间'。"[3]这四字成为师生中流传的"口头禅"，也凝聚了大家对基本研究方法的共识。

其次是"排除反证"。胡宝国回忆，田余庆告诫学生，研究工作中"要注意排除反证"。田认为"没有反证的问题是简单的问题"，

---

[1] 阎步克《士大夫政治演生史稿》后记，北京大学出版社，1996年，第514—516页。

[2] 邓文宽《深切怀念周一良先生》，《载物集——周一良的学术与人生》，第204页。

[3] 饶佳荣采访《罗新：有所为有所不为，就做一个学者》。

而"复杂的问题往往有反证"[1]。田在自述中也表示，对于研究比较顺利的课题，在课堂讲过后，"只需再作一段时间的细致思考，完善论点，充实资料，并且能够排除各种反证，能回答各种可能出现的不同观点甚至反驳观点，就能较快地写出一篇自己觉得还算满意的文章"[2]。看来，排除反证是他构思、写作论文时必不可少的环节。

再次是"追求深刻"。田余庆的"排除反证"，是在研究复杂问题的前提下说的。他认为，学者应该充分发掘和考虑现象背后的复杂性[3]，作出有历史深度的解释。他在自己的研究中多次强调"历史的深度"[4]。罗新回忆："我写博士论文时，每交一章，他都会反复询问还有没有可以深挖之处。那时我学力太浅，难以理解'深挖'的真实涵义，实在不堪他的追问之苦。但工作以后，我逼迫自己在讨论任何问题时都多想一层，看能不能在通常的解释之外找到更有深度的理解。"他还谈到，徐冲有一次提醒说他特别爱用"深刻"这个词，他认为"至少间接的成因是田先生多年的训练和压力"[5]。

还有一条是"反复推敲"。胡宝国介绍过田的一件轶事，他的《汉魏之际的青徐豪霸》（《历史研究》1983年第3期）一文，看校样时大幅度修改，以至编辑部不得不重新排版。田在说抱歉之余，也向编辑解释：这样至少可以避免一些错误。荣新江回忆1989年编辑《纪念陈寅恪先生诞辰百年学术论文集》一书时的交往，说："田

---

1 胡宝国《以学术研究为宗教》。
2 参看田余庆《关于子贵母死制度研究的构思问题》，《拓跋史探》，第94页。
3 参看陈其泰采访《展望与思考——访田余庆教授》（1988年5月23日），《史学史研究》1988年第4期，第16—17页。
4 如《论轮台诏》一文，见田余庆《秦汉魏晋史探微（重订本）》，中华书局，2004年，第37、59页。
5 罗新《清商远路自徘徊》。

先生给我的印象就是，一篇看上去相当完善的《北府兵始末》，他每次校样都反复修订。"[1] 田要求学生："应该养成任何文稿都多次修改的习惯。"[2] 他认为，"文章写成之后的推敲功夫，要十分重视"，"要挤掉水分"，"减少疙瘩"；历史文章是科学，也"应当成为艺术品"[3]。陈苏镇经常向研究生转述："田先生说，文章是'改'出来的。"师生讨论论文时，也常引用田的一句名言："写文章要舍得'割爱'。"

田余庆有一个著名的"浓茶"比喻，不仅在魏晋南北朝史方向的师生中流传，还影响了其他断代方向。中古史中心的宋史教授邓小南回忆："1982年我上研究生之后，曾经选修过田先生讲授的秦汉史专题课程。先生开篇时曾说，若有上好的茶叶，宁可沏出一杯浓茶，而不要冲淡为一壶茶水。先生的这一信念，贯彻在他的每一著述之中。先生的追求不在于著作等身，而在于学术境界。……田先生课上讲过的许多内容我已经记忆不清，但这'浓茶'说，我却未敢忘怀，一直用以告诫自己，也告诫一批批的学生。"[4] 田去世后，"知乎"网友"宋梦梁"在"如何评价田余庆先生"话题下的回复说，前一天上邓老师的课，听到她引述田先生的话，说田先生的著述都是"一壶浓茶"[5]。这恰好印证了邓小南的话。在口耳相传中，"浓茶"之喻的言辞略有变异，但其意涵，也就是"用心锤炼学术精品，追求最高学术境界"，是没有改变的。

---

[1] 荣新江《一位严格又和蔼的老师》，澎湃新闻·翻书党，2015年1月11日。
[2] 罗新《清商远路自徘徊》。
[3] 陈其泰采访《展望与思考——访田余庆教授》，《史学史研究》1988年第4期，第18页。
[4] 邓小南《田余庆先生的尊严》，澎湃新闻·翻书党（https://www.thepaper.cn/newsDetail_forward_1292914），2015年1月11日。
[5] "知乎"网（https://www.zhihu.com/question/27242467?sort=created）。

在追求学术境界的路途中,田余庆的研究呈现出别具魅力的个人风格,除了文辞准确凝练和思想深刻,还让人感到一种与时代的张力和微妙联系。田晚年自述,大约在二十世纪六十年代前期,他反思自己的学术人生,深深体会到:"学术上不可能不受政治风向的制约,但也不能一刻放弃独立思考。求真务实毕竟是学术的首要条件。自己落笔为文,白纸黑字,要永远对之负责,不能只顾眼前。"[1]这段思考表达对学术与政治关系的认知,主张学术研究、写作的独立性和恒久意义。有趣的是,他的学生同时又感到,田始终对现实有着深切的感受和思考,他的研究并非书斋中的悬想。阎步克写道:"数十年来风雨波荡,田先生的所感所思,有时就会以微妙的方式,体现在古史论述之中了。……像这样的细微之处,在长篇历史考索中虽然只是偶出数语,读来却有会心之感。"[2]罗新也说:"田先生研究历史上群体和个人在时势变局中的反应与选择,多多少少隐含着他对自己人生所见所闻所思的总结。"[3]这种沟通古今的隐微之思,也反映出史家的境界。

四、新的"联盟"

前辈的治学掌故和人格风范,通过自述、回忆、纪念文章、序跋后记以及日常言谈等途径流传下来,是学风最显而易见的存在方式。但这些文字、言辞往往包含有选择性、仪式感,既未必反映全部真实,更不能决定现实中的学风。学风的传承,终究要落在后辈学人的实践中。无形之"风",在有形世界里跨越代际而不衰歇、变形,不是容易的事。北大魏晋南北朝史方向的学风,则在一种新

---

[1] 田余庆《我的学术简历》,《田余庆先生九十华诞颂寿论文集》,第8页。
[2] 阎步克《由小见大,见微知著》。
[3] 罗新《清商远路自徘徊》。

的"联盟"中,得到了传承。

进入二十世纪九十年代,魏晋南北朝史方向的师生结构逐渐发生变化。1992年夏,罗新、王铿硕士论文答辩,周、田、祝三位教授最后一次同时出席。此后,周一良因年高多病,逐渐淡出研究生培养。到了二十世纪九十年代中期,第二代学人中,阎步克已经晋升教授,开始指导博士生,罗新留校任教,又补充了新鲜血液。接下来的近十年里,魏晋南北朝史教学研究的主力逐渐由周、田、祝转为阎步克、陈苏镇、罗新等。此时可以视为第二阶段的开始。在这个时期,校园氛围和学术环境都发生巨变,学风如何传承,学术传统如何拓展,都要顺应新的情况而有所发展。这些发展,主要通过新一代学人以及他们与学生之间的关系折射出来。

与前辈相比,第二代学人在相处方面有天然的优势。阎与陈、罗与历史文献专业主要研究魏晋南北朝史的王铿,都是多年的同学。在改革开放以后较为宽松的环境下,同学之间建立个人友谊相对容易,学术上的交流也开始得更早。所以,新的"联盟"可以说具有"亲密"的天然属性。与此同时,他们在学术研究上几乎从未共同从事某个项目课题,而是保持着各自独立而特色鲜明的取向。阎主要着力于制度史研究,陈由思想史入手探讨政治变迁,罗的重心在民族史,王则专攻东晋南朝并对日本的中国史研究独有心得。这就让新"联盟"补上了"松散"的属性,与周、田、祝之间有了某种近似,为他们的学生转益多师、获得多元的学术滋养创造了条件。

学人之间往往起步近似,而发展的节奏和方向不同,因此,互相欣赏、理解、谦让是"联盟"维系的重要条件。在第二代学人中,阎早露锋芒,至九十年代中期已出版两部专著,学术影响迅速扩大,获得了超出历史学界的卓越声誉,确立起领军地位。年龄相仿的陈则沉潜较久，他在学术以外"无可无不可"[1]，恬淡处之，至新世纪初才出版著作，晋升教授，开始指导博士生。阎在陈、罗两位开始招收研究生后，便逐渐集中到政治制度史方向招生，使魏晋南北朝史方向的招生名额和生源流向同事。

从新世纪的最初几年开始，随着第二代学人全面成熟和第三代学人叶炜留校任教，魏晋南北朝史方向的招生数量也稳步增加，无论在研究还是教学方面都进入了一个新的繁荣期。这一时期，研究生大都同时修习所有老师的课程，由陈苏镇、罗新先后带读《资治通鉴》，一起上阎步克的政治制度史、罗新的石刻史料、王铿的日本汉学名著课程，在论文写作阶段则由几位老师同时参与指导、出席答辩，逐渐形成惯例。在外出考察和参与老师课题的机会或任务分配上，组织者对不同老师名下的学生一视同仁，周到且公平。学生们在多位老师中自由学习，形成的兴趣和风格有时会让不熟悉内情的博士论文评审专家感到"困惑"：以为是阎老师指导的论文，最后发现是陈老师学生的；以为是罗老师指导的论文，结果却是阎老师学生的。这正是几位老师不分彼此，共同指导学生的结果。

在读的学生在超越"师门"的友爱互助和同侪竞争中，也结成了某种"联盟"关系，提高了研究生培养的质量。笔者2004年从南京大学历史系毕业来到北大读研时，同时在校的还有年龄相仿的徐冲、孙正军等。稍微年长的王珊经常召集同学会餐畅谈，一起淘书、逛博物馆，成为凝聚众人的枢纽，也让我很快融入进来。这一时期，除参加老师主持的研讨，研究生还开始自发组织各类以古籍为中心的读书班，涉及的书有《通典》《史通》《世说新语》《洛阳伽蓝记》等，在读研究生多会加入。查阅2010年前后完成的博士论文

---

[1] 祝总斌序，陈苏镇《两汉政治与〈春秋〉学》，第2页。

后记可以看到，作为致谢对象的"同门"，通常是指魏晋南北朝史方向的所有同学，而不限于各自导师名下的学生[1]。在交往中，同学唯以学问相论，观察彼此的长处，反省自己的不足，每逢开题、答辩则群赴观摩。论学的竞争压力，促使大家携手共进，不敢放松。罗新对本方向的氛围颇为感慨："同学的影响，常常比老师还大。"这应是从学生、老师两个角度得出的感受。

前辈学人作为"老先生"，此时仍然直接或间接地在精神上发挥着引领作用。2004年10月，周一良逝世三周年之际，田余庆与祝总斌召集魏晋南北朝史方向的师生前去扫墓。在墓前，田回顾了周先生离开和重返魏晋南北朝史研究的过程，回忆三人"松散而亲密的联盟"，介绍他们在教学和研究上如何互相助益。这类聚会和自述，应可认为是有意破除"门户之见"的示范。这样的示范之所以有效，则是因为类似的"联盟"在第二代学人中仍然存在。老师身教与言传相合，学生所见与所闻一致，教育才能产生效果。

"老先生"对于"门户"还有更为开放的看法。1994年，武汉大学教授唐长孺逝世，周、田联名代表历史系送去的挽联称："论魏晋隋唐，义宁而后，我公当仁称祭酒。"这是将唐奉为中古史领域继陈寅恪之后的首席[2]。可见，他们尊重学术上杰出的前辈或同辈，唯秉公论，不分"门派"。田余庆对学界的关注、奖掖和期许，也不以北大毕业生为限[3]。罗新回忆："他有时会指示我延请青年

---

1 比如以下诸篇北京大学博士学位论文的后记：徐冲《"汉魏革命"再研究：君臣关系与历史书写》（2008年）；孙正军《汉唐储官制度研究》（2010年）；陈侃理《儒学、数术与政治——中国古代灾异政治文化研究》（2010年）；常彧《得之马上：战国至北朝的内亚战争技术与中国军事文化》（2013年）。

2 类似的推崇以及对唐长孺学术特色和贡献的论述，又见田余庆《接替陈寅恪，树立了一个新的路标——〈唐长孺全集〉首发式上的发言》，收入《师友杂忆》，第68—73页。

3 参看孟彦弘《垂范岂限汉家》，《文汇报·学人》，2015年1月9日。

新秀来家里坐坐。2013年年底,他还询问魏斌、仇鹿鸣等几位的情况,表示要读他们的新著。2014年11月,我在微博上看到仇鹿鸣看望田先生的照片,就在电话里提到。田先生问我在美国怎么还能知道,我说是网上看到的,他很惊诧:这件事还能上网啊。"[1] 魏斌、仇鹿鸣分别是武汉大学、复旦大学的中古史青年教师,与北大本无学缘关系。田主动约请他们到家中结识、叙谈,可见他学术胸怀的宽广率真,也说明他期望学界后辈超越前人,是不唯"门户"的。

这种开放的态度,有利于学生的博采,也使魏晋南北朝史方向的学术传统日趋丰富多元。多数魏晋南北朝史专业的学生都得到不止一个断代的史学训练,不少博士论文上溯下探,有的以"中古"或"汉唐"为题,有的延伸到唐宋以后。二十一世纪以来,在罗新、王铿等老师的联络帮助下,很多博士生获得出国留学的机会,对象国除传统的日本、美国,还有俄罗斯、芬兰等。这些博士生学成归国,都带回了新东西。比如,徐冲、孙正军留日期间受到史料批判思潮影响,回国后进行"历史书写"等方面的研究,已经颇有声势;留欧的胡鸿对阿尔泰学和历史语言学方法的掌握,常彧对欧亚草原考古的了解,都帮助他们在民族史领域取得创获;陈志远在京都深入学习佛教文献学,也为他的南朝佛教史研究开辟了新天地[2]。另一方面,魏晋南北朝史的老师还放手让学生跟随本方向以外的老师学习,探索新的领域。2004年,文献学和经学史学者桥本秀美(乔秀岩)来到北大历史系任教,他独特的治学理念和风格影响了一批魏晋南北朝史的研究生。笔者的学习深受他的启发和引领,而华喆的博士

---

[1] 罗新《清商远路自徘徊》。
[2] 留学期间所受的影响,在上述各位的博士论文后记中都有反映,除前注所引外,还有胡鸿《能夏则大与渐慕华风:政治体视角下的华夏与华夏化》(2012年)、陈志远《孔释兼弘——东晋南朝的佛教经院与士人文化》(2013年)。

论文与他关系尤为密切[1]。上述例子有一个共同点，就是学生的研究对象、方法和问题意识，都在某方面越出了指导老师乃至北大魏晋南北朝史原有学术传统的范围，而导师们都乐见其成。这种开放，是学风的一部分，也是一个学术传统能够长久持续和发展的有利条件。

结语

北大魏晋南北朝史方向的几代学人秉承着这样一种学风：严谨求实，益以巧思，将作品的质量视为生命，不拘门户，不立宗派，开放发展，追求学术的最高境界。这种学风的形成和传承，有历史机缘，更取决于学者的人格。透过这些学人的表现，笔者观察到一个共通的价值观，即"学术至上"。学术至上，也就是学者将学术品质当作生命追求，奉学术为天下之公器。周一良、田余庆、祝总斌三位前辈由松散而亲密的联盟，是以学术上的欣赏和尊重为基础；学者淡泊名利，超然于毁誉之外，是因为将学术境界视为最重要的追求；老师指导研究生不分彼此，师生之间可以进行思想交流和交换不同意见，是相信师生关系首先为学术关系；而教学上的开明与开放，则是把学术发展和代际间的超越，视作根本的公共利益。

学术至上的共同价值观，促成了教学研究方面的亲密合作，而追求个人所能达到的最高境界，又使得这种合作带有松散的属性。由于人文学术自身的特点，研究方向接近的同事在选择课题时各从所好，而非长期统摄于共同的大项目之下，有利于学者保持独立性和创造力，避免不必要的纠葛与纷扰。这种松散，似乎不容易理解，但恰是亲密合作能够长久维系的要诀。

---

[1] 参看华喆《礼是郑学：汉唐间经典诠释变迁史论稿》后记，三联书店，2018年，第469页。

上述的个案显示，人文学术中某个领域的兴起，完全有可能在一两代学者中实现，规划宣传、项目课题、科研经费并非决定性因素，关键还在于"得人"。两三位追求学术并能互相配合的优秀学者，加之以宽松、向上的氛围环境，足以构成人文学科建设成长的基本条件。此外，教学和研究中的开放心态，避免盲目的祖师崇拜和扭曲的利益导向，则是促进学科持续发展的有利因素。

事实上，在魏晋南北朝史方向以外，北大历史学系以及国内大学的不少专业方向，在1978年以后也都有过类似的重建和发展历程，形成了各具特色的优良学风。二十世纪奠定的学风，在新的时代难免碰到新问题。社会和学术环境不断变迁，时移风动，个人无从左右。但学风发乎每个学者的思想，见诸言行，影响及于后人，并不完全由大环境决定。大学里的人，身在风中，也是风之所自生。追溯学风的形成，想见其人，退而自省，然后可以言"传承"。

附：本文所涉部分魏晋南北朝史方向毕业研究生一览表（以入学年为序）

姓名	生年	入学年级	毕业年份及学位	工作单位
郭熹微	1950	81硕	1984，硕士	中国社科院世界宗教所
胡宝国	1957	81硕	1984，硕士	中国社科院历史所
阎步克	1954	82硕，85博	1988，博士	北京大学历史学系
陈苏镇	1955	83硕，97博	2001，博士	北京大学历史学系
陈爽	1965	87硕，91博	1995，博士	中国社科院历史所
何德章	1965	89博	1992，博士	天津师范大学历史学院
罗新	1963	89硕，92博	1995，博士	北京大学历史学系
王铿	1964	89硕	1992，硕士	北京大学历史学系
叶炜	1971	98博	2001，博士	北京大学历史学系
王珊	1977	02硕，04博	2011，博士	文化类自由职业

续表

姓名	生年	入学年级	毕业年份及学位	工作单位
徐冲	1980	03直博	2008，博士	复旦大学历史学系
陈侃理	1982	04硕，06博	2010，博士	北京大学历史学系
孙正军	1982	04直博	2010，博士	首都师范大学历史学院
华喆	1981	05硕，07博	2011，博士	北京师范大学历史学院
胡鸿	1986	06直博	2012，博士	武汉大学历史学院
常彧	1985	07直博	2013，博士	深圳大学文学院历史系
陈志远	1983	09博	2013，博士	中国社科院历史所

（原载《北京大学教育评论》2018年第2期"大学传统：建构与传承"专栏，发表后略有订补）

传承与超越
——田余庆先生和我的北大学缘

陈侃理

2004年,我来到北大历史学系念中国古代史专业的研究生,2010年拿到博士学位,进了学术研究的门。现在看来是既成事实,但却是初入学时未曾想象的。回想刚来北大的时候,我算是"志于学"。但学术研究是不是适合自己,是不是可以投入一辈子来做呢?二十岁出头的时候,面前还有很多岔路口。人生只有一次,到底选择哪条路走?

想清楚这些问题,靠书本是不够的,重要的是靠人。很幸运,我在北大遇到了好老师,他们让我看到了学术生命的厚度和温度,最终让我走上了这条路。

记得研一刚入学不久,我从师兄、师姐那儿接到通知,说要去给周一良先生扫墓。周先生是魏晋南北朝史的大家,那时是他逝世三周年的纪念。我听说组织者是田余庆先生,非常激动。那时我还没有见过田先生,但他却是吸引我走近古代史研究的关键人物。大二时偶然在图书馆读到田先生的名著《东晋门阀政治》,一下子就被迷住了。田先生能够在看似平淡的历史记载里,读出隐藏的含义和线索,逻辑绵密,文笔凝练,有人说像推理小说,我觉得比推理小说还引人入胜。读完之后,我又找来他的《秦汉魏晋史探微》,然后是北大历史系其他老师的书,然后就"入坑"了。现在,我给本科生开课，把《东晋门阀政治》指定为必读书。前几天，有一位上过我的课的同学说读《东晋门阀政治》如何让他欲罢不能，准备争取保研念历史系。我听了有些得意。

余生也晚。我到北大读书时，田余庆先生已经退休多年。但我熟悉的老师大多是田先生的学生，从他们那儿经常能听到田先生的论学警句。比如，他推崇"读书得间"，一般人读书是看字面的意思，但好的研究者要能从字里行间发现问题。他说，写文章要懂得"割爱"。写学术论文就是艺术创作，无关紧要的枝节、缺少独到见解的内容、思考还不成熟的文字，即使写出来也要下决心割舍掉。他说，找到好的材料和题目，就好比有一包上好的茶叶，与其满满一壶，冲得寡淡无味，不如下足功夫，沏出一杯"浓茶"。听到这些话，再来读他的书，更能感觉他如何呕心沥血，在学术上追求卓越的境界。

他在一本书的自序里表明自己学术写作的态度是"宁恨毋悔"，也就是宁可没能写出来而感到遗憾，也不愿意因为写出来不像样而后悔。当时，我把这话当作治学"明言"，警策自己在学术上要严谨慎重，爱惜羽毛。后来，读到田先生晚年的自述，他说："我从自己的经历中深深体会到，学术上不可能不受政治风向的制约，但一刻也不能放弃独立思考。求真务实毕竟是学术的首要条件。自己落笔为文，白纸黑字，要永远对之负责。"了解田先生的经历和他所经历的时代，更能认识到这些话的分量。

回过头来说给周一良先生扫墓的事儿。那是我第一次见到田先生"本尊"。当时，我们几个小研究生很期待听田先生讲讲他的治学经历和学术思想。但田先生的话题却总是围绕周一良先生和中古史中心的历史。他说，周先生在1949年以前就是有名的魏晋南北朝史专家，五十年代为了配合学科建设，服从组织安排，改行研究日本史，直到八十年代才回到钟爱的魏晋南北朝史研究上来。周先生曾经在回忆录中写过，改革开放后，他和田先生，还有制度史专家祝总斌先生，三人年龄依次相差十岁左右，结成了魏晋南北朝史方面的"松散而亲密的联盟"。田先生则向我们强调，当时找周先生，是希望他能领着大家做研究，多少有"拜师"的味道。他们写文章之后互相传看、坦诚交换意见，培养研究生也不分彼此。听了田先生的话，我开始明白，我的几位老师之间关系如此融洽，其中有他们老师的影响；我们几个研究生分属于不同的导师名下，彼此亲密无间，也是当年的传统。田先生说这些话，是希望我们把这个传统继承、延续下去。

其实，我见田先生大约不超过十次。他深居简出，重大活动都不露面。但我发现，他很愿意跟年轻人接触。2007年开始，中古史中心发起了一个一年一度的青年学者联谊会，参加者是海内外的博士生和三十岁上下的年轻人，发展到现在已经很有影响。当年，只要会议在北京举办，我们邀请田先生，他总会拄着拐杖到场发言。他的发言从不传播自己的学术观点，每一次的主题都是鼓励年轻人超越自己。

最后一次见他，是在2014年5月，中古史中心的一次聚会上。田先生治病出院不久。我们几个青年教师和研究生跟他简单寒暄之后，就退到一旁自己聊天。过了一会儿，罗新老师搀着田先生走过来，说："你们不理田先生，田先生来找你们了！"田先生坐到我们中间。他说：历史学的希望在年轻一代，年轻人要敢于超越，实现超越。

中国古代史研究的积累太深厚了。初出茅庐的年轻人，想要推进一小步，都会倍感艰难。但田先生鼓励大家超越，并非没有依据。他的学生们都在各自的领域里尝试超越，并且非常成功。田先生指出东晋的门阀政治只是皇权政治的"变态"，阎步克老师随之推演出"变态—回归"模式，用来解释帝制中国两千年的历史；田先生关于汉代政治史的两篇论文，启发陈苏镇老师开创了两汉政治文化研究的新局面；田先生讨论北魏早期历史中具有民族特色的"子贵母死"现象，罗新老师由此找到了研究中国古代史的内亚视角。我任教以后也越来越意识到，田先生不只是谦虚，他是在托付给我们责任。只有去尝试超越，才是真正传承老师的学问精神和学术生命。

田先生去世三年多了。我时常想起他的话，感到肩上的担子。

事实上，不只田先生，北大有一批这样值得我们经常想起的老先生。比如中国古代史领域就有已故的邓广铭先生、周一良先生、王永兴先生，还有健在的祝总斌先生、张广达先生等等，他们在非常的年代中仍然坚持治学，保存着学问的火种。改革开放之后，他们全心投入研究和教学，薪火相传。现在，他们的学生早就是学界"大牛"，学生的学生开始成为中坚力量，而学生的学生的学生也已经崭露头角。这是传承，也是超越。

时代有波澜，人物有代谢，但学术生命通过学问的超越而得以传承。

这是我经历的北大学缘，这是我理解的大学精神。

谢谢大家！

（2018年4月20日北京大学人文社会科学研究院"传承：我们的北大学缘"——未名学者校庆讲坛演讲稿。作者为北京大学历史学系暨中国古代史研究中心长聘副教授）

忆与田先生的两次见面

孙正军

下面这段文字，其实早在去年年末遽闻田先生去世的消息时就想写出了，可惜大约是习惯了乏味单调的学术文字，始终无法真切描摹出当时的感受，踌躇良久还是搁下了。不过，这些记忆中的事并没有随时光流逝而变得模糊，仍然悄悄潜藏在脑海中某个地方，当思绪被勾起时，依旧无比清晰，仿佛就在昨天。于是我决定把它写出来，虽然生花妙笔依旧阙如，不过我已释然，不妨就像古代史家保存史料一样，原原本本地据我所见、所闻、所感客观还原田先生生活的一个侧面，先生泉下有知，谅也不会怪罪吧。

余生也晚，2000年进入北大历史系读书时，田先生早已退休多年，也不再授课，因此尽管自己从大二开始便痴迷于先生的《秦汉魏晋史探微》和《东晋门阀政治》，但大约除了几次讲座或座谈曾远远望见先生外，并没有多少近距离接触的机会。一直到跟随阎步克老师读研究生之后，同门师姐王珊热情周到，且与田先生、田夫人李老师熟悉，因此不时带我们去看先生，不过每次都是一大群人，故大多时候自己也只是坐在一旁静静听着。

2014年8月下旬在人民大学举办第八次中国中古史青年学者联谊会之后，罗新老师赴美访学前夕，我们几个同门相约一起去看罗老师。期间听罗老师说起，田先生对学界发展仍很关注，愿与年轻人交流，我们若有时间，不妨去看看先生。当时我便暗下决定，新学期若有时间，多去看看田先生。

第一次去看田先生是在9月23日，因此前跟田先生接触不多，贸然求见或显突兀，便央求田先生的关门弟子、同在首师大任教的顾江龙老师带我一起去。顾老师很爽快，这样便在顾老师的带领下，我获得了第一次与田先生长谈的机会。我们大约是在下午3时30分左右到的，李老师开门后让进书房，田先生已然在书房等着，几句寒暄之后话题很快便转移到了与学术相关的内容。那时田先生听力已不太好，不巧那天助听器似乎也出了问题，不过借助纸笔，我们仍然谈了许多。根据我当日的记录，那天主要谈了三个方面的内容，一是前辈学人，从胡适、翦伯赞到逯耀东、谷川道雄、毛汉光等，虽然有些内容此前曾在其他场合听先生叙及，不过近距离听先生娓娓道来，仍仿若初闻，非常新鲜。期间我曾问先生对日本东北大学教授、以研究六朝政治史著称的安田二郎先生的看法，先生坦言虽知其人，但研究了解不多，审慎谨严，一如撰书作文。

第二个方面的内容是学术，包括个人研究特色、早年求学的影响，以及当下魏晋南北朝史研究的现状，等等。印象最深的是田先生对张国安老师在《论陈代南人政治——兼谈田先生治学方法及对我的影响》（收入《田余庆先生九十华诞颂寿论文集》）一文中分析田先生早年学医对后来研究的影响很感兴趣，说这是他此前没有意识到的，言下之意，是对早年学医经历影响后来治学方法的认可。

第三个方面的内容是关于青年学人，田先生让我们推荐当下魏晋南北朝史研究领域比较出色的年轻人，我据管见所及，便推荐了武汉大学的魏斌和复旦大学的仇鹿鸣两位。大约是此前曾见过魏斌，又或是仇鹿鸣曾发表有关《东晋门阀政治》的文字，田先生说还没见过仇鹿鸣。当时我便想，下个月复旦大学中古中国共同研究班与首师大历史学院史学沙龙在北京有个联谊，鹿鸣也将与会，或许借此机会可以满足先生这个意愿。

谈话大约是在下午 5 时左右结束的,当时田先生兴致仍很高,不过我们担心时间过长会打扰先生休息,便起身告辞了。回来后我便与鹿鸣联系说起这事,鹿鸣也很愿意,这样便有了第二次与田先生见面的机会。

10 月 16 日,复旦—首师联谊的前一天,我和鹿鸣依约去看田先生。同样是下午 3 时 30 分左右到的,同样是在那个书房,我又一次获得了与田先生近距离谈话的机会。当然,那日谈话的主力是鹿鸣,趁着田先生和鹿鸣谈兴正浓,我用手机拍下了下面这张照片。

当时鹿鸣正纵谈自己对士族政治的认识,田先生静静认真听着,不时接上两句,神情之专注,令人感慨。后来这张照片在网上传布,有人不免开些玩笑,我想其中或有些误解。田先生想见仇鹿鸣,并没有什么特别用意,毋宁说正是他一直以来关心青年学人发展的写照。

田先生对年轻一辈学人的关怀和支持由来已久。即以我所知来说，早在 2007、2008 年，中国中古史青年学者联谊会前两届在北大中古史中心举行时，田先生便不避暑热劳累，亲临会场支持。去年在人大举办的联谊会结束后，田先生仍撑着病躯与参会学人长时间座谈。又去年上半年颂寿文集出版后的谈话会，田先生也撇开学术已成的众弟子，毫无架子地坐在年轻人中间，与大家热情聊天。田先生对年轻学人的成长是期待的，是欣喜的，正如他在九十寿辰聚会上朗诵所作《举杯歌》中的两句所说："后浪汇前波，众生皆不朽。"他热情期待年轻学人的成长，使得学术薪火能一代一代地传承下去。

写完这段文字，脑海中又不禁浮现两次与田先生见面的场景。天国里的先生，此时大约仍一如既往地关注和欣喜于我们年轻学人的成长吧。

2015 年 12 月

（作者为清华大学人文学院副教授）

后　记

转眼之间，田余庆先生去世已近十年。

田先生说过："教书不只是一个吃饭的职业，也不只是给学生灌输一些具体知识，而是要跟学生进行思想交流。我教学生，学生进步了，提高了认识，又会提出新的问题，反馈给我，让我认识到自己的不足，促使我探索新的领域，获得新的认识。"

田先生为人低调，不同意写自传，也很少写忆旧文章，连各种回忆性的采访也不接受，理由是自己一介书生，没有参与过重大事件，一生都在校园里。他认为自己最重要的工作就是教书和研究，即便是这两样也因受限于时代条件和个人条件而贡献有限。

就其志业而言，田余庆先生的自我评价一定有准确的一面。不过，从学术史的角度，田先生和他那个时代的许多学者一样，在种种困难条件下做到了最好，无论如何又是值得庆贺、值得纪念的。他的学术成就、研究经验和对后辈的期望，对年轻一辈的史学从业者而言又是巨大的宝藏。

自 2015 年初以来，田余庆先生的同行和学生写了多篇纪念文章。感谢浙江古籍出版社提供这个机会，我们把这些文章汇集起来，凑成这本学记，在先生百年诞辰的 2024 年呈献给有兴趣的读者。

谨以此纪念田余庆先生。

余松风

2024 年年初于京华

学记丛书

谭徐锋　主编

蒙文通学记：蒙文通生平与学术（增订版）　蒙　默　编
励耘书屋问学记　陈智超　编
载物集：周一良先生的学术人生　周启锐　编
柳诒徵学记　武黎嵩　编
蒿庐问学记新编　张耕华　编
谭其骧学记　孟　刚　编
缪钺学记（增订版）　缪元朗　编
傅衣凌学述　杨国桢　著
邵循正学记　李恭忠　编
张荫麟学记　李欣荣　编
田余庆学记　余松风　编
张舜徽学述　王余光　著
邓广铭学记　聂文华　编
程应镠学记　虞云国　编
韩国磐学记　韩　昇　编
陈旭麓学记　谭徐锋　编
章开沅学述　谭徐锋　著
王家范学记　周　武　编